Ovid | Gedichte aus der Verbannung

P. Ovidius Naso

Gedichte aus der Verbannung

Eine Auswahl aus »Tristia« und »Epistulae ex Ponto«

Lateinisch / Deutsch

Übersetzt und herausgegeben von Niklas Holzberg

Reclam

RECLAMS UNIVERSAL-BIBLIOTHEK Nr. 18976

Gestaltung: Cornelia Feyll, Friedrich Forssman
Gesamtherstellung: Reclam, Ditzingen. Printed in Germany 2013
RECLAM, UNIVERSAL-BIBLIOTHEK und
RECLAMS UNIVERSAL-BIBLIOTHEK sind eingetragene Marken
der Philipp Reclam jun. GmbH & Co. KG, Stuttgart
ISBN 978-3-15-018976-4
www.reclam.de

Aus
Tristia
Lieder der Trauer

1,3

Cum subit illius tristissima noctis imago,
quod mihi supremum tempus in urbe fuit,
cum repeto noctem, qua tot mihi cara reliqui,
labitur ex oculis nunc quoque gutta meis.
iam prope lux aderat, qua me discedere Caesar
finibus extremae iusserat Ausoniae.
nec spatium nec mens fuerat satis apta parando:
torpuerant longa pectora nostra mora.
non mihi servorum, comitis non cura legendi,
non aptae profugo vestis opisve fuit.
non aliter stupui, quam qui Iovis ignibus ictus
vivit et est vitae nescius ipse suae.
ut tamen hanc animi nubem dolor ipse removit
et tandem sensus convaluere mei,
adloquor extremum maestos abiturus amicos,
qui modo de multis unus et alter erant.
uxor amans flentem flens acrius ipsa tenebat,
imbre per indignas usque cadente genas.
nata procul Libycis aberat diversa sub oris,
nec poterat fati certior esse mei.
quocumque aspiceres, luctus gemitusque sonabant,
formaque non taciti funeris intus erat.

Buch 1, Elegie 3

Wenn das schmerzliche Bild jener Nacht in mir aufsteigt, die für mich die letzte Frist in der Stadt blieb, wenn ich an die Nacht zurückdenke, in der ich so vieles, was mir teuer war, zurückließ, fließen mir jetzt noch die Tränen aus den Augen.

[5] Schon nahte das Licht des Tages, an dem ich, wie Caesar befohlen hatte, von Ausonien selbst den äußersten Grenzbereich verlassen musste. Weder hatte ich Zeit gehabt noch hatte mir der Sinn danach gestanden, genügend Sachen, die ich brauchte, bereitzulegen; vom langen Warten war mein Geist gelähmt. Ich kümmerte mich nicht darum, mir Sklaven, mir Begleiter zu wählen, [10] nicht um Kleidung oder Geld, wie ein Verbannter sie braucht. Nicht anders war ich betäubt als einer, der, von Jupiters Blitz getroffen, noch lebt und sich doch selbst nicht bewusst ist, dass er noch lebt.

Sobald jedoch gerade der Schmerz diese Umwölkung meines Geistes verscheucht hatte und endlich meine Sinne zu sich gekommen waren, [15] sprach ich zum letzten Mal, bevor ich davonging, die traurigen Freunde an; von ihnen, vor kurzem noch eine Vielzahl, war nur der eine oder andere geblieben. Meine Frau hielt mich, den Weinenden, selbst heftiger weinend, voll Liebe umarmt, und ein Tränenstrom rann die ganze Zeit über ihre Wangen, die das nicht verdienten. Meine Tochter war weit entfernt in der libyschen Region, [20] und sie konnte von meinem Schicksal noch nichts wissen. Wohin auch immer man blickte, ertönten Jammern und Schluchzen, als fände innen ein lautes Leichenbegängnis statt. Frauen und Männer, sogar Kinder

femina virque meo, pueri quoque funere maerent,
inque domo lacrimas angulus omnis habet.
si licet exemplis in parvo grandibus uti,
haec facies Troiae, cum caperetur, erat.
iamque quiescebant voces hominumque canumque,
Lunaque nocturnos alta regebat equos.
hanc ego suspiciens et ab hac Capitolia cernens,
quae nostro frustra iuncta fuere Lari,
'numina vicinis habitantia sedibus', inquam,
'iamque oculis numquam templa videnda meis,
dique relinquendi, quos urbs habet alta Quirini,
este salutati tempus in omne mihi.
et quamquam sero clipeum post vulnera sumo,
attamen hanc odiis exonerate fugam,
caelestique viro, quis me deceperit error,
dicite, pro culpa ne scelus esse putet,
ut, quod vos scitis, poenae non nesciat auctor:
placato possum non miser esse deo.'
hac prece adoravi superos ego, pluribus uxor,
singultu medios impediente sonos.
illa etiam ante Lares passis adstrata capillis
contigit extinctos ore tremente focos,
multaque in aversos effudit verba Penates
pro deplorato non valitura viro.
iamque morae spatium nox praecipitata negabat,
versaque in axe suo Parrhasis Arctos erat.
quid facerem? blando patriae retinebar amore,
ultima sed iussae nox erat illa fugae.

trauerten bei meinem Leichenbegängnis, und im Haus sah jeder Winkel Tränen. [25] Wenn es erlaubt ist, große Beispiele im Kleinen zu verwenden: Diesen Anblick bot Troja, als es erobert wurde.

Und jetzt verstummten die Stimmen der Menschen und Hunde, und Luna lenkte hoch oben ihr nächtliches Gespann. Zu ihr schaute ich auf, blickte dann aufs Kapitol, [30] welches, ohne dass es etwas nützte, direkt neben meinem Haus lag, und sagte: »Göttliche Mächte, die ihr benachbarte Stätten bewohnt, und ihr Tempel, die ich mit meinen Augen niemals mehr sehen darf, ihr Götter, welche die hohe Stadt des Quirinus beherbergt und die ich zurücklassen muss, seid mir auf ewige Zeit gegrüßt! [35] Und obgleich ich spät, erst nach meiner Verwundung, den Schild ergreife, nehmt doch die Last seiner Hassgefühle von meiner Verbannung und sagt dem göttlichen Mann, welcher Irrtum mich getäuscht hat, damit er, was Schuld ist, nicht für ein Verbrechen hält, und damit er, der meine Strafe verhängte, unbedingt weiß, was ihr wisst: [40] Wenn der Gott versöhnt ist, kann ich nicht elend sein.«

Mit diesem Gebet flehte ich die Himmlischen an, mit mehr Gebeten flehte meine Frau, doch Schluchzen hemmte sie mitten im Sprechen. Sie warf sich mit aufgelöstem Haar auch vor den Laren nieder, berührte mit zitterndem Mund den erloschenen Herd [45] und ließ gegenüber den abgewandten Penaten viele Worte verströmen, die für den von ihr beweinten Mann keine Wirkung haben sollten.

Und schon versagte weitere Zeit zum Verweilen die an ihr Ende geführte Nacht; die parrhasische Bärin hatte sich in ihrer Achse gedreht. Was hätte ich tun sollen? Durch zärtliche Liebe zur Heimat wurde ich zurückgehalten, [50]

a! quotiens aliquo dixi properante 'quid urges?
vel quo festines ire, vel unde, vide!'
a! quotiens certam me sum mentitus habere
horam, propositae quae foret apta viae.
ter limen tetigi, ter sum revocatus, et ipse
indulgens animo pes mihi tardus erat.
saepe 'vale' dicto rursus sum multa locutus,
et quasi discedens oscula summa tuli.
saepe eadem mandata dedi meque ipse fefelli,
respiciens oculis pignora cara meis.
denique 'quid propero? Scythia est, quo mittimur', inquam,
'Roma relinquenda est, utraque iusta mora.
uxor in aeternum vivo mihi viva negatur,
et domus et fidae dulcia membra domus,
quosque ego dilexi fraterno more sodales,
o mihi Thesea pectora iuncta fide!
dum licet, amplectar: numquam fortasse licebit
amplius; in lucro est quae datur hora mihi.'
nec mora, sermonis verba inperfecta relinquo,
amplectens animo proxima quaeque meo.
dum loquor et flemus, caelo nitidissimus alto,
stella gravis nobis, Lucifer ortus erat.
dividor haud aliter, quam si mea membra relinquam,
et pars abrumpi corpore visa suo est.

aber es war der letzte Teil der Nacht unmittelbar vor der befohlenen Fahrt ins Exil. Ach, wie oft sagte ich, wenn jemand mich zur Eile antrieb: »Was drängst du? Sieh nur, wohin du mich zu gehen treibst oder woher!« Ach, wie oft log ich, ich hätte eine bestimmte Stunde, die für die geplante Reise günstig sei. Dreimal betrat ich die Schwelle, dreimal fühlte ich mich zurückgerufen, und sogar mein Fuß zögerte, weil er dem Drang des Herzens nachgab. Oft sagte ich »Lebewohl!« und sprach erneut vieles und gab, als ob ich im Gehen begriffen sei, die letzten Küsse. Oft erteilte ich dieselben Aufträge und täuschte mich selbst damit, während meine Augen auf meine Lieben zurückschauten. Schließlich sagte ich: »Was soll ich mich beeilen? Es ist Skythien, wohin ich geschickt werde. Rom muss ich verlassen, beides rechtfertigt Verweilen. Meine Frau wird mir, obwohl ich lebe und sie lebt, auf ewig genommen, auch mein Haus und die lieben Mitglieder meiner treuen Hausgemeinschaft und meine Freunde, die ich wie ein Bruder geliebt habe, ach, ihr Herzen, die ihr mir mit der Treue eines Theseus verbunden seid! Solange ich darf, werde ich euch umarmen: Vielleicht werde ich es nie mehr dürfen; ein Gewinn ist die Stunde, die mir gegeben wird, für mich.«

Kein Verweilen gab's – ich führte die Worte meiner Rede nicht zu Ende und umarmte alles, was meinem Herzen am nächsten stand. Während ich sprach und wir weinten, zeigte sich oben am Himmel, in vollem Glanz erstrahlend, Lucifer, für mich ein unheilverkündendes Gestirn. Ich trennte mich von meinen Lieben nicht anders, als würde ich meine Glieder zurücklassen, und ein Teil, so schien mir, wurde abgerissen von dem Körper, zu dem er gehör-

sic doluit Mettus tum, cum in contraria versos
  ultores habuit proditionis equos.
tum vero exoritur clamor gemitusque meorum,
  et feriunt maestae pectora nuda manus.
tum vero coniunx umeris abeuntis inhaerens
  miscuit haec lacrimis tristia verba suis:
'non potes avelli: simul a! simul ibimus', inquit,
  'te sequar et coniunx exulis exul ero.
et mihi dicta fuga est, et me capit ultima tellus:
  accedam profugae sarcina parva rati.
te iubet e patria discedere Caesaris ira,
  me pietas: pietas haec mihi Caesar erit.'
talia temptabat, sicut temptaverat ante,
  vixque dedit victas utilitate manus.
egredior – sive illud erat sine funere ferri –
  squalidus inmissis hirta per ora comis.
illa dolore amens tenebris narratur obortis
  semianimis media procubuisse via,
utque resurrexit foedatis pulvere turpi
  crinibus et gelida membra levavit humo,
se modo, desertos modo complorasse Penates,
  nomen et erepti saepe vocasse viri,
nec gemuisse minus, quam si nataeve meumve
  vidisset structos corpus habere rogos,
et voluisse mali moriendo ponere sensum,
  respectuque tamen non potuisse mei.

te. [75] Solche Schmerzen erlitt Mettius damals, als er Pferden ausgeliefert war, die, in verschiedene Richtungen getrieben, Rache für seinen Verrat nahmen.

Da erhob sich erst recht ein Schreien und Schluchzen der Meinen, und betrübte Hände schlugen die nackte Brust. Da hängte sich erst recht meine Frau an die Schultern des Scheidenden [80] und mischte diese traurigen Worte in ihre Tränen: »Du kannst mir nicht entrissen werden! Zusammen, ach, zusammen werden wir gehen«, sagte sie, »dir werde ich folgen und Gattin des Verbannten als Verbannte sein. Auch ich werde in die Verbannung verwiesen, auch mich nimmt das Land am Rand der Erde auf; ich werde mit auf das Schiff des Verbannten gehen, für dieses eine geringe Last. [85] Dir befiehlt Caesars Zorn, aus der Heimat zu gehen, mir die Gattenliebe: Diese Gattenliebe wird für mich Caesar sein.« Solches versuchte sie, wie sie es vorher schon versucht hatte, und nur widerwillig gab sie sich geschlagen, weil sie einsah, dass es das Beste sei. Ich schritt hinaus – oder vielmehr: was da geschah, war, dass eine Leiche ohne Bestattungsritual hinausgetragen wurde –, [90] schmutzig, die Haare auf das stopplige Gesicht herabfallen lassend.

Man erzählt, sie sei, von Sinnen vor Schmerz, in plötzlicher Umnachtung und halb entseelt mitten auf der Straße niedergesunken, und sie habe, als sie, das Haar von hässlichem Staub entstellt, wieder aufgestanden sei und ihre Glieder vom kalten Boden erhoben habe, [95] bald sich selbst, bald das verlassene Haus beklagt und oft den Namen des ihr entrissenen Mannes gerufen, und sie habe nicht weniger gestöhnt, als wenn sie gesehen hätte, dass ein Scheiterhaufen errichtet worden war und die Leiche ihrer Tochter oder meine trug, und sie sei gewillt gewesen, durch den

vivat et absentem, quoniam sic fata tulerunt,
vivat ut, auxilio sublevet usque suo.

1,5

O mihi post nullos umquam memorande sodales,
o cui praecipue sors mea visa tua est,
attonitum qui me, memini, carissime, primus
ausus es adloquio sustinuisse tuo,
qui mihi consilium vivendi mite dedisti,
cum foret in misero pectore mortis amor,
scis bene, quem dicam, positis pro nomine signis,
officium nec te fallit, amice, meum.
haec mihi semper erunt imis infixa medullis,
perpetuusque animae debitor huius ero:
spiritus in vacuas prius hic evanidus auras
ibit et in tepido deseret ossa rogo,
quam subeant animo meritorum oblivia nostro,
et longa pietas excidat ista die.
di tibi sint faciles et opis nullius egentem
fortunam praestent dissimilemque meae.
si tamen haec navis vento ferretur amico,
ignoraretur forsitan ista fides.
Thesea Pirithous non tam sensisset amicum,
si non infernas vivus adisset aquas.

Tod die Empfindung ihres Leids zu beenden, habe es jedoch aus Rücksicht auf mich nicht gekonnt. Sie soll leben und ihn, der fern von ihr ist, weil das Schicksal es so mit sich brachte, fortwährend durch ihre Hilfe unterstützen, damit er lebt.

Buch 1, Elegie 5

Du, den ich niemals nach anderen Freunden nennen darf, der du in höherem Maße als andere mein Schicksal als dein eigenes ansahst, der du als erster gewagt hast, mein Liebster, mich, als ich vom Blitz getroffen war – ich erinnere mich gut –, durch deinen Zuspruch aufzurichten, der du mir gütig den Rat gabst, weiterzuleben, als in meinem armen Herzen Todessehnsucht war, du weißt genau, wen ich meine, obwohl ich an die Stelle deines Namens Erkennungszeichen setze, und meine Liebespflicht entgeht dir nicht, mein Freund.

Dies wird mir stets tief in meinem Innersten haften, und für immer werde ich dir mein Leben schuldig sein: Mein Geist wird eher in die leeren Lüfte verwehen und auf dem erkaltenden Scheiterhaufen aus meinen Gebeinen entweichen, als dass Vergessen deiner Wohltaten sich in mein Herz einschleicht und nach langer Zeit mir die Erinnerung an deine Freundestreue entfällt.

Die Götter mögen dir gnädig sein und dir ein Schicksal gewähren, dem keines der Güter fehlt und das dem meinigen nicht gleicht! Wenn jedoch mein Schiff von einem freundlichen Wind getragen würde, bliebe vielleicht deine Treue unerkannt. Den Theseus hätte Pirithous nicht als einen solchen Freund erlebt, wenn er nicht lebend zu den

ut foret exemplum veri Phoceus amoris,
fecerunt Furiae, tristis Oresta, tuae.
si non Euryalus Rutulos cecidisset in hostes,
Hyrtacidae Nisi gloria nulla foret.
scilicet ut fulvum spectatur in ignibus aurum,
tempore sic duro est inspicienda fides.
dum iuvat et vultu ridet Fortuna sereno,
indelibatas cuncta sequuntur opes:
at simul intonuit, fugiunt, nec noscitur ulli,
agminibus comitum qui modo cinctus erat.
atque haec, exemplis quondam collecta priorum,
nunc mihi sunt propriis cognita vera malis.
vix duo tresve mihi de tot superestis amici:
cetera Fortunae, non mea turba fuit.
quo magis, o pauci, rebus succurrite lapsis,
et date naufragio litora tuta meo;
neve metu falso nimium trepidate, timentes,
hac offendatur ne pietate deus!
saepe fidem adversis etiam laudavit in armis,
inque suis quod amat Caesar, in hoste probat.
causa mea est melior, qui non contraria fovi
arma, sed hanc merui simplicitate fugam.
invigiles igitur nostris pro casibus, oro,
deminui siqua numinis ira potest.
scire meos casus siquis desiderat omnes,
plus, quam quod fieri res sinit, ille petit.

Gewässern der Unterwelt mitgekommen wäre. Dass der Phoker ein Vorbild wahrer Freundesliebe war, bewirkten deine Furien, düsterer Orest. Wenn Euryalus nicht in die Hände der feindlichen Rutuler geraten wäre, gäbe es keinen Ruhm des Hyrtakus-Sohnes Nisus. [25] Wie ja rötliches Gold im Feuer geprüft wird, so muss man Treue in harten Zeiten prüfend betrachten. Während Fortuna hilft und mit heiterem Antlitz lacht, läuft alles hinter den unangetasteten Schätzen her; doch sobald es gedonnert hat, ergreift alles die Flucht, und keiner kennt den mehr, [30] der noch vor kurzem von Scharen von Gefährten umgeben war.

Und dies habe ich, einst aus Beispielen der Menschen früherer Zeiten erschlossen, jetzt aufgrund meines eigenen Leids als wahr erkannt. Von so vielen Freunden seid ihr, kaum zwei oder drei, mir noch übrig geblieben; die übrige Schar war diejenige Fortunas, nicht meine. [35] Umso mehr, ihr Wenigen, helft mir, nachdem alles zusammengebrochen ist, und gebt mir nach meinem Schiffbruch einen sicheren Strand; und seid nicht allzu unruhig in falscher Furcht, aus Angst davor, durch diese Freundestreue könne der Gott gekränkt werden! Oft hat er Treue auch an den Armeen von Gegnern gelobt, [40] und was Caesar bei den Seinen liebt, dem zollt er beim Feind Anerkennung. Meine Sache steht besser da, weil ich nicht gegen ihn gerichtete Armeen begünstigt, sondern diese Verbannung durch meine Einfalt verdient habe. Achte also im Interesse meines Schicksals, ich bitte dich, wachsam darauf, ob der Zorn der Gottheit irgendwie vermindert werden kann.

[45] Wenn jemand mein ganzes Schicksal zu kennen wünscht, verlangt er mehr, als die Sache erlaubt. So viele üble Dinge habe ich erduldet, wie am Himmel Sterne

tot mala sum passus, quot in aethere sidera lucent
  parvaque quot siccus corpora pulvis habet;
multaque credibili tulimus maiora ratamque,
  quamvis acciderint, non habitura fidem.
pars etiam quaedam mecum moriatur oportet,
  meque velim possit dissimulante tegi.
si vox infragilis, pectus mihi firmius aere,
  pluraque cum linguis pluribus ora forent,
non tamen idcirco complecterer omnia verbis,
  materia vires exsuperante meas.
pro duce Neritio, docti, mala nostra, poetae,
  scribite: Neritio nam mala plura tuli.
ille brevi spatio multis erravit in annis
  inter Dulichias Iliacasque domos:
nos freta sideribus totis distantia mensos
  sors tulit in Geticos Sarmaticosque sinus.
ille habuit lectamque manum sociosque fideles:
  me profugum comites deseruere mei.
ille suam laetus patriam victorque petebat:
  a patria fugi victus et exul ego.
nec mihi Dulichium domus est Ithacave Sameve,
  poena quibus non est grandis abesse locis,
sed, quae de septem totum circumspicit orbem
  montibus, imperii Roma deumque locus.
illi corpus erat durum patiensque laborum:
  invalidae vires ingenuaeque mihi.
ille erat adsidue saevis agitatus in armis:
  adsuetus studiis mollibus ipse fui.

leuchten und wie Körnchen der trockene Staub enthält. Vieles ertrug ich, das schlimmer ist, als man glauben kann, und das, obwohl es geschehen ist, keinen festen Glauben finden wird. Ein gewisser Teil davon muss sogar mit mir ins Grab gehen, und ich wünschte, er könnte dadurch geheim gehalten werden, dass ich nicht darüber rede. Auch wenn meine Stimme unzerbrechlich, meine Brust fester als Erz wäre und ich mehr Münder mit mehr Zungen hätte, könnte ich deshalb trotzdem nicht alles in Worte fassen, weil der Stoff meine Kräfte übersteigt.

Statt über den neritischen Heerführer schreibt über meine Leiden, ihr gelehrten Dichter; denn ich habe mehr Leiden ertragen als der Neritier. Er durchirrte über viele Jahre den engen Raum zwischen den Häusern von Dulichium und denen von Ilium; mich brachte das Geschick, nachdem ich Meere, die ganze Sternbilder voneinander entfernt sind, durchmessen hatte, zu den getischen und sarmatischen Buchten. Er hatte eine erlesene Schar und treue Gefährten; mich, den Verbannten, ließen meine Begleiter im Stich. Er suchte fröhlich und als Sieger in seine Heimat zu gelangen, ich wurde als Besiegter und Verbannter aus der Heimat vertrieben. Mein Zuhause ist nicht Dulichium oder Ithaka oder Same, Orte, denen fern zu sein keine gewaltige Strafe ist, sondern sie, die den ganzen Erdkreis überblickt von den sieben Hügeln aus, Roma, Sitz der Regierung und der Götter. Er hatte einen Körper, der abgehärtet war und Strapazen ertragen konnte; meine Kräfte sind schwach und verzärtelt. Er war ständig in wilden Kämpfen umhergetrieben worden; ich war gewohnt, mich mit unmännlichen literarischen Themen zu beschäftigen. Mich überwältigte ein Gott, ohne dass irgendein

me deus oppressit, nullo mala nostra levante:
bellatrix illi diva ferebat opem.
cumque minor Iove sit, tumidis qui regnat in undis,
illum Neptuni, me Iovis ira premit.
adde, quod illius pars maxima ficta laborum est:
ponitur in nostris fabula nulla malis.
denique quaesitos tetigit tamen ille Penates,
quaeque diu petiit, contigit arva tamen:
at mihi perpetuo patria tellure carendum est,
ni fuerit laesi mollior ira dei.

Liber secundus

Quid mihi vobiscum est, infelix cura, libelli,
ingenio perii qui miser ipse meo?
cur modo damnatas repeto, mea crimina, Musas?
an semel est poenam commeruisse parum?
carmina fecerunt, ut me cognoscere vellet
omine non fausto femina virque mihi;
carmina fecerunt, ut me moresque notaret
iam pridem emissa Caesar ab Arte mea.
deme mihi studium, vitae quoque crimina demes:
acceptum refero versibus esse nocens.
hoc pretium curae vigilatorumque laborum
cepimus: ingenio est poena reperta meo.

anderer meine Leiden linderte; ihm brachte immer wieder die kriegerische Göttin Hilfe. Ihn verfolgte – weniger mächtig als Jupiter ist ja er, der in den schwellenden Wogen herrscht – Neptuns Zorn, mich der Jupiters. Man bedenke auch, dass der größte Teil seiner Strapazen erdichtet ist; auf meinen Leiden basiert keine erfundene Geschichte. Schließlich kam er trotz allem zu den ersehnten Göttern seines Herdes und betrat trotz allem die Gefilde, die er so lange zu erreichen suchte. Doch ich muss für immer die Heimaterde entbehren, wenn der Zorn des gekränkten Gottes nicht milder wird.

Buch 2

Was habe ich mit euch zu schaffen, ihr Büchlein, unselige Leidenschaft, ich, der ich elend zugrunde ging durch mein eigenes Talent? Warum suche ich wieder die erst kürzlich verurteilten Musen auf, Anlass der Anklage gegen mich? Oder ist es zu wenig, einmal Strafe verdient zu haben? Meine Dichtung bewirkte, dass Frauen und Männer mich kennenlernen wollten, und das unter einem für mich ungünstigen Vorzeichen; meine Dichtung bewirkte, dass Caesar mich und meine Moral brandmarkte, und das auf Grund meiner *Ars*, die schon längst veröffentlicht war. Nimm mir meine dichterische Tätigkeit weg, dann wirst du auch die Anklagen gegen meine Lebensweise wegnehmen: Meinen Versen habe ich es zuzuschreiben, dass ich schuldig bin. Dies ist die Belohnung, die ich für meine Sorgfalt und für meine Mühen bis spät in die Nacht bekommen habe: Es war mein Talent, für das eine Strafe gefunden wurde.

si saperem, doctas odissem iure sorores,
numina cultori perniciosa suo.
at nunc – tanta meo comes est insania morbo –
saxa malum refero rursus ad icta pedem,
scilicet ut victus repetit gladiator harenam,
et redit in tumidas naufraga puppis aquas.
forsitan ut quondam Teuthrantia regna tenenti,
sic mihi res eadem vulnus opemque ferat,
Musaque, quae movit, motam quoque leniat iram:
exorant magnos carmina saepe deos.
ipse quoque Ausonias Caesar matresque nurusque
carmina turrigerae dicere iussit Opi,
iusserat et Phoebo dici, quo tempore ludos
fecit, quos aetas aspicit una semel.
his, precor, exemplis tua nunc, mitissime Caesar,
fiat ab ingenio mollior ira meo.
illa quidem iusta est, nec me meruisse negabo –
non adeo nostro fugit ab ore pudor –
sed, nisi peccassem, quid tu concedere posses?
materiam veniae sors tibi nostra dedit.
si, quotiens peccant homines, sua fulmina mittat
Iuppiter, exiguo tempore inermis erit:
nunc ubi detonuit strepituque exterruit orbem,
purum discussis aera reddit aquis.
iure igitur genitorque deum rectorque vocatur,
iure capax mundus nil Iove maius habet.

Wäre ich bei Sinnen, würde ich mit gutem Grund die gelehrten Schwestern hassen, die göttlichen Mächte, die für ihren Verehrer schädlich waren. Doch jetzt – ein so großer Wahnsinn ist Begleiter meiner Krankheit – bringe ich den Unglücksfuß wieder zu dem Felsen, an dem er sich stieß, freilich so, wie der besiegte Gladiator den Sand wieder aufsucht und das schiffbrüchige Schiff in die aufgewühlten Gewässer zurückkehrt.

Vielleicht könnte, wie einst ihm, der die teuthrantische Königsherrschaft innehatte, so auch mir dieselbe Sache Wunde und Heilung bringen, und die Muse, die den Zorn erregt hat, könnte auch den Zorn, den sie erregt hat, besänftigen; Gesänge erweichen oft die großen Götter. Auch Caesar selbst befahl den ausonischen Müttern und Schwiegertöchtern, Hymnen zu singen für die turmtragende Ops; er hatte auch befohlen, dass Hymnen für Phöbus zu der Zeit gesungen würden, als er die Spiele veranstaltete, die ein einziges Zeitalter nur einmal sieht.

Angesichts dieser Beispiele, so bitte ich, allergnädigster Caesar, möge jetzt dein Zorn durch mein Talent milder werden. Er ist zwar gerecht, und ich werde nicht leugnen, dass ich ihn verdient habe – so weit ist Scham noch nicht aus meinem Mund entflohen –, aber wenn ich keine Verfehlung begangen hätte, was könntest du verzeihen? Mein Schicksal hat dir die Gelegenheit für Verzeihung gegeben. Wollte Jupiter, sooft Menschen eine Verfehlung begehen, seine Blitze senden, wäre er in kurzer Zeit waffenlos. So aber schüttelt er, wenn er nur gedonnert und den Erdkreis mit dem Krach heftig erschreckt hat, den Regen heraus und macht die Luft rein. Mit Recht wird er daher Vater und Herrscher der Götter genannt, mit Recht

tu quoque, cum patriae rector dicare paterque,
utere more dei nomen habentis idem.
idque facis, nec te quisquam moderatius umquam
imperii potuit frena tenere sui.
tu veniam parti superatae saepe dedisti,
non concessurus quam tibi victor erat.
divitiis etiam multos et honoribus auctos
vidi, qui tulerant in caput arma tuum;
quaeque dies bellum, belli tibi sustulit iram,
parsque simul templis utraque dona tulit;
utque tuus gaudet miles, quod vicerit hostem,
sic victum cur se gaudeat, hostis habet.
causa mea est melior, qui nec contraria dicor
arma nec hostiles esse secutus opes.
per mare, per caelum, per tertia numina iuro,
per te praesentem conspicuumque deum,
hunc animum favisse tibi, vir maxime, meque,
qua sola potui, mente fuisse tuum.
optavi, peteres caelestia sidera tarde,
parsque fui turbae parva precantis idem,
et pia tura dedi pro te, cumque omnibus una
adiuvi votis publica vota meis.
quid referam libros – illos quoque, crimina nostra –
mille locis plenos nominis esse tui?

enthält die weite Welt nichts Größeres als Zeus. Auch du, wo du doch Herrscher und Vater des Vaterlandes genannt wirst, handle nach der Gewohnheit des Gottes, der denselben Namen hat wie du. Und das tust du, und niemand hat jemals maßvoller als du die Zügel seines Reiches zu halten vermocht. Du hast oft der überwundenen Partei Verzeihung gewährt, die sie dir nicht gewährt hätte, wenn sie siegreich gewesen wäre. Ich habe sogar gesehen, dass viele an Reichtum und Ehren zunahmen, die Waffen gegen dein Haupt getragen hatten; und der Tag, der den Krieg beendete, beendete für dich auch deine Kriegswut, und beide Parteien brachten zusammen den Tempeln Opfergaben. Und wie sich deine Soldaten freuen, weil sie die Feinde besiegt haben, so haben auch die Feinde einen Grund, sich darüber zu freuen, dass sie besiegt wurden. Meine Sache steht besser; von mir kann man sagen, dass ich weder gegnerischen Waffen noch feindlichen Truppen gefolgt bin.

Beim Meer, beim Himmel, bei den Mächten des dritten Herrschaftsbereiches schwöre ich, bei dir, dem anwesenden, sichtbaren Gott, dass meine Seele dir ergeben war, allergrößter Mann, und dass ich der Deine war meiner Gesinnung nach, mit der allein ich das konnte. Ich betete, dass du dich erst spät zu den himmlischen Gestirnen begeben würdest, und war ein kleiner Teil der Menge, die dasselbe erflehte. Und ich gab frommen Weihrauch für dich, und zusammen mit allen anderen unterstützte ich durch meine Gebete die öffentlichen Gebete.

Was soll ich erwähnen, dass meine Bücher – auch sie, der Anlass zur Anklage gegen mich – an tausend Stellen voll von deinem Namen sind? Schau dir das größere Werk an,

inspice maius opus, quod adhuc sine fine reliqui,
  in non credendos corpora versa modos:
invenies vestri praeconia numinis illic,
  invenies animi pignora vera mei.
non tua carminibus maior fit gloria, nec quo,
  ut maior fiat, crescere possit, habet.
fama Iovi superest, tamen hunc sua facta referri
  et se materiam carminis esse iuvat,
cumque Gigantei memorantur proelia belli,
  credibile est laetum laudibus esse suis.
te celebrant alii, quanto decet ore, tuasque
  ingenio laudes uberiore canunt,
sed tamen, ut fuso taurorum sanguine centum,
  sic capitur minimo turis honore deus.
a! ferus et nobis crudelior omnibus hostis,
  delicias legit qui tibi cumque meas,
carmina ne nostris quae te venerantia libris
  iudicio possent candidiore legi!
esse sed irato quis te mihi posset amicus?
  vix tunc ipse mihi non inimicus eram.
cum coepit quassata domus subsidere, partes
  in proclinatas omne recumbit onus,
cunctaque fortuna rimam faciente dehiscunt,
  ipsa suoque etiam pondere tracta ruunt.
ergo hominum quaesitum odium mihi carmine, quaque
  debuit, est vultus turba secuta tuos.

das ich noch unvollendet ließ, die auf nicht zu glaubende Weise verwandelten Körper: Finden wirst du dort die Verherrlichung deiner göttlichen Macht, finden wirst du wahre Beweise meiner Gesinnung. Dein Ruhm wird nicht größer durch Dichtungen, er hat auch keinen Raum, in dem er zu mehr Größe anwachsen könnte. Jupiter ist überreich an Ruhm, und dennoch freut es ihn, dass über seine Taten berichtet wird und er Stoff für Dichtung ist, und es ist glaubhaft, dass er, wenn die Kämpfe des Kriegs gegen die Giganten erzählt werden, froh ist über Preisungen seiner Person. Dich verherrlichen andere mit so großer Ausdruckskraft, wie es sich gehört, und sie singen zu deinem Preis mit reicherem Talent, aber dennoch wird ein Gott, wie durch das vergossene Blut von hundert Rindern, so auch durch eine sehr kleine Weihrauchspende eingenommen.

Ah! Gefühllos und ein mir gegenüber grausamerer Feind als alle war der, wer es auch immer war, der dir von meinen Liebesfreuden vorlas, damit nicht die Verspartien, die dich in meinen Büchern verehren, mit sympathischerem Urteil gelesen würden! Doch wer hätte mein Freund sein können, als du erzürnt warst? Beinahe war ich damals mir selbst gegenüber ein Feind. Wenn ein Haus erschüttert wird und niederzusinken begonnen hat, fällt auf den vornüber geneigten Teil die ganze Last, und alles klafft auseinander, wenn das Schicksal einen Riss macht, und selbst auch stürzt das Haus, von seinem eigenen Gewicht gezogen, zusammen. So zog ich mir den Hass der Menschen durch meine Dichtung zu, und wie es sein musste, richtete sich die Menge nach deinem Gesichtsausdruck.

Und doch pflegtest du – ich erinnere mich – meine Le-

at, memini, vitamque meam moresque probabas
 illo, quem dederas, praetereuntis equo.
quod si non prodest, et honesto gratia nulla
 redditur, at nullum crimen adeptus eram,
nec male commissa est nobis fortuna reorum
 lisque decem deciens inspicienda viris;
res quoque privatas statui sine crimine iudex,
 deque mea fassa est pars quoque victa fide.
me miserum! potui, si non extrema nocerent,
 iudicio tutus non semel esse tuo:
ultima me perdunt, imoque sub aequore mergit
 incolumem totiens una procella ratem;
nec mihi pars nocuit de gurgite parva, sed omnes
 pressere hoc fluctus Oceanusque caput.
cur aliquid vidi? cur noxia lumina feci?
 cur imprudenti cognita culpa mihi?
inscius Actaeon vidit sine veste Dianam:
 praeda fuit canibus non minus ille suis.
scilicet in superis etiam fortuna luenda est,
 nec veniam laeso numine casus habet.
illa nempe die, qua me malus abstulit error,
 parva quidem periit, sed sine labe domus;
sic quoque parva etiam, patrio dicatur ut arvo
 clara nec ullius nobilitate minor,
et neque divitiis nec paupertate notanda,
 unde sit in neutrum conspiciendus eques.

bensweise und meine Moral gutzuheißen, wenn ich auf dem Pferd, das du verliehen hattest, vorbeiritt. Auch wenn das nichts nützt und dem ehrenwerten Mann kein Dank abgestattet wird, hatte ich mir doch keine Anklage aufgeladen, und es war nicht falsch, dass mir das Schicksal von Angeklagten und die Prozesse, die von den zehnmal zehn Männern zu prüfen waren, anvertraut wurden; auch private Angelegenheiten entschied ich als Richter, ohne getadelt zu werden, und sogar die unterlegene Partei gab zu, ich sei fair gewesen. Ich Ärmster! Ich hätte, wenn mir nicht geschadet hätte, was schließlich geschah, mehr als einmal aufgrund deines Urteilsspruches geschützt sein können; was zuletzt geschah, vernichtet mich, und in die unterste Meerestiefe taucht mein so oft unversehrtes Schiff ein einziger Sturm; und nicht nur ein kleiner Teil des Meeres schadete mir, sondern alle Fluten und der Ozean drückten meinen Kopf nach unten.

Warum sah ich etwas? Warum machte ich meine Augen schuldig? Warum wurde, ohne dass ich es voraussah, von mir ein Verbrechen aufgedeckt? Unabsichtlich sah Aktäon Diana unbekleidet: Zur Beute wurde er seinen eigenen Hunden deshalb nicht minder. Natürlich muss bei Göttern auch Missgeschick gesühnt werden, und ein Zufall findet keine Vergebung, wenn eine Gottheit gekränkt worden ist. Jedenfalls ging an jenem Tag, an dem ein schlimmer Irrtum mich fortriss, ein Haus zugrunde, das zwar klein, aber ohne Schandfleck ist; klein aber nur so weit, dass es auf dem Boden meiner Heimat nobel genannt werden kann und in seiner Vornehmheit nicht geringer ist als das irgendeines anderen, und es ist weder durch Reichtum noch Armut bemerkenswert, ein Ort, woher ein Ritter

ut sit nostra domus vel censu parva vel ortu,
  ingenio certe non latet illa meo;
quo videar quamvis nimium iuvenaliter usus,
  grande tamen toto nomen ab orbe fero;
turbaque doctorum Nasonem novit, et audet
  non fastiditis adnumerare viris.
corruit haec igitur Musis accepta sub uno,
  sed non exiguo crimine lapsa domus:
atque ea sic lapsa est, ut surgere, si modo laesi
  ematuruerit Caesaris ira, queat,
cuius in electu poenae clementia tanta est,
  venerit ut nostro lenior illa metu:
vita data est, citraque necem tua constitit ira,
  o princeps parce viribus use tuis!
insuper accedunt, te non adimente, paternae,
  tamquam vita parum muneris esset, opes.
nec mea decreto damnasti facta senatus,
  nec mea selecto iudice iussa fuga est:
tristibus invectus verbis – ita principe dignum –
  ultus es offensas, ut decet, ipse tuas.
adde, quod edictum, quamvis immite minaxque,
  attamen in poenae nomine lene fuit:
quippe relegatus, non exul, dicor in illo,
  privaque fortunae sunt ibi verba meae.
nulla quidem sano gravior mentisque potenti
  poena est, quam tanto displicuisse viro:

kommt, der in keinem von beidem hervorsticht. [115] Wenn mein Haus auch klein ist hinsichtlich meines Vermögens und meiner Herkunft, so ist es dank meinem Talent gewiss nicht unbekannt. Obwohl es so aussieht, als hätte ich mein Talent allzu jugendlich-unbeherrscht angewandt, ernte ich doch großen Ruhm von der ganzen Welt, und die Schar der Liebhaber von Poesie kennt Naso, und sie wagt es, [120] ihn den Männern zuzurechnen, die sie nicht verschmäht.

Dieses Haus, das den Musen gefallen hat, ist also eingestürzt, niedergesunken durch ein einziges, aber nicht geringes Vergehen. Doch es sank so nieder, dass es sich wieder erheben könnte, wenn nur der Zorn des gekränkten Caesar nachlassen würde, [125] bei dessen Wahl einer Strafe seine Milde so groß ist, dass sie sanfter ausfiel, als ich befürchtet hatte: Das Leben wurde mir geschenkt, und dein Zorn machte vor der Hinrichtung halt, o Princeps, der du deine Macht sparsam ausgeübt hast! Hinzu kam überdies, da du es nicht wegnahmst, mein ererbtes [130] Vermögen, als ob das Leben ein zu geringes Geschenk wäre. Auch hast du meine Tat nicht durch einen Senatsbeschluss verurteilen lassen, noch wurde meine Verbannung durch einen gewählten Richter befohlen: Du fuhrst mich mit schrecklichen Worten an – so war es eines Princeps würdig – und rächtest dich selbst, wie es sich gehört, für die dir angetane Kränkung. [135] Zudem war dein Edikt, obwohl hart und drohend, dennoch in der Benennung der Strafe mild: Denn ich werde darin als relegiert, nicht als verbannt bezeichnet, und besondere Worte für mein Schicksal stehen dort.

Gewiss, keine Strafe ist für einen geistig gesunden, seines Verstandes mächtigen Mann schwerer, [140] als einem

sed solet interdum fieri placabile numen:
nube solet pulsa candidus ire dies.
vidi ego pampineis oneratam vitibus ulmum,
quae fuerat saevi fulmine tacta Iovis.
ipse licet sperare vetes, sperabimus usque:
hoc unum fieri te prohibente potest.
spes mihi magna subit, cum te, mitissime princeps,
spes mihi, respicio cum mea facta, cadit.
ac veluti ventis agitantibus aera non est
aequalis rabies continuusque furor,
sed modo subsidunt intermissique silescunt,
vimque putes illos deposuisse suam:
sic abeunt redeuntque mei variantque timores,
et spem placandi dantque negantque tui.
per superos igitur, qui dent tibi longa dabuntque
tempora, Romanum si modo nomen amant,
per patriam, quae te tuta et secura parente est,
cuius, ut in populo, pars ego nuper eram,
sic tibi, quem semper factis animoque mereris,
reddatur gratae debitus urbis amor,
Livia sic tecum sociales compleat annos,
quae, nisi te, nullo coniuge digna fuit,
quae si non esset, caelebs te vita deceret,
nullaque, cui posses esse maritus, erat,
sospite te sic sit natus quoque sospes, et olim
imperium regat hoc cum seniore senex,

so bedeutenden Mann missfallen zu haben. Aber gewöhnlich lässt eine Gottheit sich immer wieder einmal besänftigen: Wenn Wolken vertrieben sind, verläuft der Tag gewöhnlich in hellem Glanz. Ich habe eine mit rankenreichen Weinstöcken beladene Ulme gesehen, die vom Blitz des grimmigen Jupiter getroffen worden war. Magst du selbst mir auch zu hoffen untersagen, ich werde fortwährend hoffen: Dies Eine kann geschehen, obwohl du es verbietest. Große Hoffnung steigt in mir auf, wenn ich auf dich blicke, allergnädigster Princeps, Hoffnung fällt dahin, wenn ich auf meine Taten blicke. Und wie dann, wenn die Winde die Luft in Aufruhr bringen, ihr Toben nicht gleichbleibend und ihr Wüten nicht fortdauernd ist, sondern sie sich bald legen und, wenn sie vorübergehend nachgelassen haben, verstummen, und, so möchte man meinen, ihre Gewalt abgelegt haben: So vergehen meine Ängste und kehren zurück und verändern sich und geben und verweigern die Hoffnung, dich zu besänftigen.

Bei den Göttern im Himmel also, die dir ein langes Leben geben mögen und auch geben werden, wenn sie nur den römischen Staat lieben, bei dem Vaterland, das geschützt und sicher ist mit dir als seinem Vater, dessen Teil ich als Angehöriger des Volkes kürzlich noch war, so wahr sie, die du stets verdienst durch deine Taten und deine Gesinnung, die Liebe der dankbaren Stadt, dir gebührend gegeben werde, so wahr Livia mit dir eure Ehejahre vollenden möge, sie, die keines Gatten außer dir würdig war, und, gäbe es sie nicht, ein eheloses Leben dir ziemen würde und es keine gab, deren Ehemann du sein könntest, so wahr dein Sohn, solange du gesund bist, auch gesund sein und einst als alter Mann dieses Reich zusammen mit dem

ut faciuntque tui, sidus iuvenale, nepotes,
per tua perque sui facta parentis eant,
sic adsueta tuis semper Victoria castris
nunc quoque se praestet notaque signa petat,
Ausoniumque ducem solitis circumvolet alis,
ponat et in nitida laurea serta coma,
per quem bella geris, cuius nunc corpore pugnas,
auspicium cui das grande deosque tuos,
dimidioque tui praesens res respicis urbis,
dimidio procul es saevaque bella geris –
hic tibi sic redeat superato victor ab hoste,
inque coronatis fulgeat altus equis –:
parce, precor, fulmenque tuum, fera tela, repone,
heu nimium misero cognita tela mihi!
parce, pater patriae, nec nominis immemor huius
olim placandi spem mihi tolle tui!
non precor, ut redeam, quamvis maiora petitis
credibile est magnos saepe dedisse deos:
mitius exilium si das propiusque roganti,
pars erit ex poena magna levata mea.
ultima perpetior medios eiectus in hostes,
nec quisquam patria longius exul abest.
solus ad egressum missus septemplicis Histri
Parrhasiae gelido virginis axe premor;

älteren regieren möge, so wahr deine Enkel, das Sternbild der Jugend, so, wie sie es auch tun, in Übereinstimmung mit deinen Taten und denen ihres Vaters handeln mögen, so wahr Victoria, die für immer an dein Heerlager gewöhnt ist, [170] auch jetzt sich zeigen, sich zu den ihr bekannten Feldzeichen begeben, den ausonischen Heerführer wie gewohnt mit ihren Flügeln umflattern und auf sein schimmerndes Haar den Lorbeerkranz legen möge, ihm, durch den du Kriege führst, in dessen Körper du jetzt kämpfst, dem du großartige Vorzeichen und die Götter gibst, die dich schützen, [175] und, indem du zur einen Hälfte gegenwärtig bist, für die Angelegenheiten der Stadt Sorge trägst, zur anderen Hälfte fern bist und wilde Kriege führst – so wahr er als Sieger zu dir zurückkehren möge vom überwundenen Feind und hoch über bekränzten Pferden glänzen möge –: schone mich, ich bitte dich, und lege beiseite deinen Blitz, deine wilde Waffe, [180] wehe, eine Waffe, die ich Ärmster nur allzu gut kenne! Schone mich, Vater des Vaterlandes, vergiss diesen Namen nicht und nimm mir nicht die Hoffnung, dass ich dich einst versöhne!

Ich bitte nicht darum, dass ich zurückkehren darf, obwohl es glaubhaft ist, dass die großen Götter oft mehr gaben als das, worum sie gebeten wurden: [185] Wenn du mir, der dich anfleht, einen milderen und näheren Exilort gewährst, wird meine Strafe um einen großen Teil erleichtert sein. Ich muss das Äußerste an Leid ertragen, nachdem man mich mitten unter Feinde verstoßen hat, und kein Verbannter lebt weiter weg von seiner Heimat. Ich allein wurde zu den Mündungen des siebenarmigen Hister geschickt, [190] und ich werde von der eisigen Wagenachse der parrhasischen Jungfrau niedergedrückt. [193] Und obwohl

cumque alii causa tibi sint graviore fugati, 193
ulterior nulli, quam mihi, terra data est.
longius hac nihil est, nisi tantum frigus et hostes,
et maris adstricto quae coit unda gelu.
hactenus Euxini pars est Romana sinistri:
proxima Bastarnae Sauromataeque tenent; 198
Ciziges et Colchi Matereaque turba Getaeque 191
Danuvii mediis vix prohibentur aquis. 192
haec est Ausonio sub iure novissima vixque 199
haeret in imperii margine terra tui.
unde precor supplex, ut nos in tuta releges,
ne sit cum patria pax quoque dempta mihi,
neu timeam gentes, quas non bene submovet Hister,
neve tuus possim civis ab hoste capi:
fas prohibet Latio quemquam de sanguine natum
Caesaribus salvis barbara vincla pati.
perdiderint cum me duo crimina, carmen et error,
alterius facti culpa silenda mihi;
nam non sum tanti, renovem ut tua vulnera, Caesar,
quem nimio plus est indoluisse semel.
altera pars superest, qua turpi carmine facto
arguor obsceni doctor adulterii.
fas ergo est aliqua caelestia pectora falli,
et sunt notitia multa minora tua;

andere aus einem gewichtigeren Grund von dir verbannt wurden, wurde keinem ein weiter entferntes Land gegeben als mir. [195] Weiter weg als dieses ist nichts außer allein Frost, Feinde und die Wogen des Meeres, die von der Kälte gefroren und starr sind. Bis hierher geht der römische Teil der linken Seite des Euxinus: [198] Das benachbarte Gebiet haben die Bastarner und Sauromaten in Besitz; [191] die Kiziger, Kolcher, die matereische Schar und die Geten [192] werden kaum von dem Wasser der Donau, das zwischen uns und ihnen liegt, abgehalten. [199] Dies ist das jüngste Land unter der Herrschaft des römischen Gesetzes, und kaum noch [200] haftet es am Rande deines Reiches. Ich bitte flehentlich, dass du mich von dort an einen sichereren Ort relegierst, damit mir nicht zusammen mit der Heimat auch der Frieden genommen wird und ich nicht die Stämme fürchten muss, die der Hister nur schlecht von uns fernhält, und damit ich, dein Bürger, nicht von den Feinden gefangen werden kann: [205] Heiliges Recht verbietet, dass jemand, der aus Latiums Blut geboren ist, barbarische Fesseln ertragen muss, solange die Caesaren bei guter Gesundheit sind.

Obwohl zwei Punkte der Anklage mich vernichtet haben, eine Dichtung und ein Irrtum, muss die Schuld, die mit der einen Tat verbunden ist, von mir verschwiegen werden; denn ich bin nicht so viel wert, dass ich deine Wunde wieder aufreißen dürfte, Caesar, [210] der du mit dem einen Mal mehr als genug Schmerz empfunden hast. Der andere Teil der Anklage bleibt, durch den ich, weil ich eine anstößige Dichtung verfasst habe, als Lehrer schamlosen Ehebruches angeklagt werde. Es ist also möglich, dass ein himmlischer Verstand sich irgendwie täuscht, und es

utque deos caelumque simul sublime tuenti
  non vacat exiguis rebus adesse Iovi,
de te pendentem sic dum circumspicis orbem,
  effugiunt curas inferiora tuas.
scilicet imperii princeps statione relicta
  imparibus legeres carmina facta modis!
non ea te moles Romani nominis urget,
  inque tuis umeris tam leve fertur onus,
lusibus ut possis advertere numen ineptis,
  excutiasque oculis otia nostra tuis.
nunc tibi Pannonia est, nunc Illyris ora domanda,
  Raetica nunc praebent Thraciaque arma metum,
nunc petit Armenius pacem, nunc porrigit arcus
  Parthus eques timida captaque signa manu,
nunc te prole tua iuvenem Germania sentit,
  bellaque pro magno Caesare Caesar obit.
denique et in tanto, quantum non extitit umquam,
  corpore pars nulla est, quae labat, imperii.
urbs quoque te et legum lassat tutela tuarum
  et morum, similes quos cupis esse tuis,
nec tibi contingunt, quae gentibus otia praestas,
  bellaque cum vitiis inrequieta geris.
mirer in hoc igitur tantarum pondere rerum
  te numquam nostros evoluisse iocos?

gibt vieles, was zu unbedeutend ist, als dass du es zur Kenntnis nehmen müsstest; und wie dann, wenn er auf die Götter und zugleich auf den erhabenen Himmel blickt, Jupiter keine Zeit hat, für Kleinigkeiten da zu sein, so entgehen, während du den Erdkreis, der von dir abhängt, überschaust, untergeordnete Angelegenheiten deiner Aufmerksamkeit. Natürlich, du, der Princeps des Reiches, würdest deinen Posten verlassen und Dichtungen lesen, die in ungleich langen Versen verfasst sind! Keine so geringfügige Last des römischen Staates drückt auf dich, und keine so leichte Bürde trägst du auf deinen Schultern, dass du deinen göttlichen Sinn auf alberne Spielereien richten kannst und mit deinen Augen das Ergebnis meiner Muße musterst. Jetzt muss von dir Pannonien, jetzt das illyrische Gebiet unterworfen werden, rätische und thrakische Waffen geben jetzt Anlass zur Furcht, jetzt strebt der Armenier nach Frieden, jetzt streckt der parthische Reiter seinen Bogen und die eroberten Feldzeichen mit ängstlicher Hand hin, jetzt bekommt Germanien dich als jungen Mann in deinem Sohn zu spüren, und ein Caesar zieht im Namen des großen Caesar in Kriege. Und schließlich: Es gibt sogar in einem so großen Reichskörper, wie er niemals zuvor existiert hat, keinen Teil, der wankt. Auch die Stadt und die Überwachung deiner Gesetze und der Moral, die du der Deinen ähnlich wünschst, ermüden dich, der Frieden, den du den Völkern gewährst, wird dir nicht zuteil, und du führst nie zur Ruhe kommende Kriege gegen die Laster. Soll ich mich also wundern, wenn du angesichts dieser Bürde so wichtiger Angelegenheiten nie meine Scherze entrollt hast?

at si, quod mallem, vacuum tibi forte fuisset,
  nullum legisses crimen in Arte mea.
illa quidem fateor frontis non esse severae
  scripta, nec a tanto principe digna legi,
non tamen idcirco legum contraria iussis
  suadent Romanas erudiuntque nurus.
neve, quibus scribam, possis dubitare, libellis,
  quattuor hos versus e tribus unus habet:
'este procul, vittae tenues, insigne pudoris,
  quaeque tegis medios instita longa pedes!
nil nisi legitimum concessaque furta canemus,
  inque meo nullum carmine crimen erit.'
ecquid ab hac omnes rigide summovimus Arte,
  quas stola contingi vittaque sumpta vetat?
'at matrona potest alienis artibus uti,
  quodque trahat, quamvis non doceatur, habet.'
nil igitur matrona legat, quia carmine ab omni
  ad delinquendum doctior esse potest.
quodcumque attigerit, siqua est studiosa sinistri,
  ad vitium mores instruet inde suos.
sumpserit Annales – nihil est hirsutius illis –,
  facta sit unde parens Ilia, nempe leget.
sumpserit 'Aeneadum genetrix' ubi prima, requiret,
  Aeneadum genetrix unde sit alma Venus.
persequar inferius, modo si licet ordine ferri,
  posse nocere animis carminis omne genus.

Doch wenn du, was mir lieber wäre, zufällig Zeit gehabt hättest, hättest du kein Vergehen in meiner *Ars* gelesen. Jenes Werk zeigt zwar, das gebe ich zu, nicht eine strenge Miene, und es ist nicht würdig, von einem so bedeutenden Princeps gelesen zu werden, aber es rät doch deswegen nicht etwas, was gegen die Anordnungen der Gesetze verstößt, oder unterweist römische Ehefrauen. Und damit du nicht im Zweifel sein kannst, für welche Leute ich schreibe, enthält eines von den drei Büchlein folgende vier Verse: »Bleibt fern, ihr zarten Binden, Abzeichen der Sittsamkeit, und du, langer Besatz, der du die Füße zur Hälfte bedeckst! Nur von dem, was legitim ist, und von heimlichen Affären, die erlaubt sind, werde ich singen, und in meiner Dichtung wird es kein Vergehen geben.« Habe ich nicht von dieser *Ars* streng alle Frauen weggedrängt, die zu berühren die Stola verbietet und die Binde, die sie tragen?

»Doch eine verheiratete Frau kann Künste, die für andere bestimmt sind, anwenden, und sie hat da etwas, das sie verführt, obwohl sie nicht unterwiesen wird.« Also soll eine verheiratete Frau nichts lesen, weil sie durch jede Dichtung gelehriger darin werden kann, eine Untat zu begehen. Was auch immer sie in die Hand nimmt – wenn sie auf Unmoral aus ist, wird sie damit ihren Charakter zum Laster anleiten. Greift sie zu den *Annalen* – nichts ist unkultivierter als diese –, wird sie natürlich lesen, wie Ilia Mutter wurde. Greift sie zu dem Werk, in dem »Stammmutter der Aeneaden …« der Anfang ist, wird sie fragen, wie die lebenspendende Venus Stammmutter der Aeneaden wurde. Ich werde weiter unten, wenn es denn gestattet ist, der Reihe nach vorzugehen, im Einzelnen darlegen,

non tamen idcirco crimen liber omnis habebit:
nil prodest, quod non laedere possit idem.
igne quid utilius? siquis tamen urere tecta
comparat, audaces instruit igne manus.
eripit interdum, modo dat medicina salutem,
quaeque iuvet, monstrat, quaeque sit herba nocens.
et latro et cautus praecingitur ense viator:
ille sed insidias, hic sibi portat opem.
discitur innocuas ut agat facundia causas:
protegit haec sontes, immeritosque premit.
sic igitur carmen, recta si mente legatur,
constabit nulli posse nocere meum.
'at vitia irritat.' quicumque hoc concipit, errat,
et nimium scriptis arrogat ille meis.
ut tamen hoc fatear, ludi quoque semina praebent
nequitiae: tolli tota theatra iube!
peccandi causam quam multis Saepta dederunt,
Martia cum durum sternit harena solum!
tollatur Circus! non tuta licentia Circi est:
hic sedet ignoto iuncta puella viro!
cum quaedam spatientur in hoc, ut amator eodem
conveniat, quare porticus ulla patet?
quis locus est templis augustior? haec quoque vitet,
in culpam siqua est ingeniosa suam.
constiterit Iovis aede, Iovis succurret in aede,
quam multas matres fecerit ille deus.

dass jede Art von Dichtung dem Geist schaden kann. [265] Deshalb wird jedoch nicht jedes Buch sich eine Anklage einbringen: Nichts bringt Nutzen, was nicht auch schaden könnte. Was ist nützlicher als Feuer? Doch wenn einer Häuser zu verbrennen plant, rüstet er seine verwegenen Hände mit Feuer aus. Medizin raubt zuweilen, dann wieder schenkt sie Gesundheit, [270] und sie zeigt, welches Kraut hilft und welches schädlich ist. Sowohl der Räuber als auch der vorsichtige Wanderer gürtet sich mit einem Schwert: Jener trägt es für einen Hinterhalt, dieser für die Selbsthilfe. Die Redekunst wird erlernt, damit sie Prozesse Unschuldiger führt: Sie beschützt die Schuldigen und bedrängt die, welche das nicht verdient haben. [275] So wird denn zu gelten haben, dass meine Dichtung, wenn sie nur mit rechtem Verstand gelesen wird, niemandem schaden kann.

»Doch sie gibt Anreiz zu Lastern.« Wer sich das einbildet, irrt sich, und er traut dem, was ich geschrieben habe, zu viel zu. Doch angenommen, ich gebe das zu, dann bieten auch die Spiele Keime für [280] sittenloses Handeln: Ordne an, dass alle Theater abgeschafft werden! Wie vielen haben die Saepta den Anlass zu Fehlverhalten gegeben, während der martialische Sand den harten Boden bedeckte! Der Circus soll abgeschafft werden! Die Lizenz, die der Circus gibt, ist gefährlich: Hier sitzen junge Frauen direkt neben fremden Männern! [285] Da ja gewisse Frauen zu dem Zweck, dass ein Liebhaber sie ebendort trifft, auf und ab gehen, warum steht auch nur irgendeine Säulenhalle offen? Welcher Ort ist erhabener als die Tempel? Auch diese sollte jede meiden, die dazu veranlagt ist, sich schuldig zu machen. Steht sie im Jupitertempel, wird ihr im Jupitertempel in den Sinn kommen, [290] wie viele Frauen dieser Gott zu

proxima adoranti Iunonis templa subibit
paelicibus multis hanc doluisse deam.
Pallade conspecta, natum de crimine virgo
sustulerit quare, quaeret, Ericthonium.
venerit in magni templum, tua munera, Martis,
stat Venus Ultori iuncta, vir ante fores.
Isidis aede sedens, cur hanc Saturnia, quaeret,
egerit Ionio Bosphorioque mari.
in Venerem Anchises, in Lunam Latmius heros,
in Cererem Iasion, qui referatur, erit.
omnia perversas possunt corrumpere mentes;
stant tamen ipsa suis omnia tuta locis.
quaecumque irrupit, quo non sinit ire sacerdos,
protinus huic dempti criminis ipsa rea est.
et procul a scripta solis meretricibus Arte
summovet ingenuas pagina prima manus.
nec tamen est facinus versus evolvere molles,
multa licet castae non facienda legant.
saepe supercilii nudas matrona severi
et Veneris stantes ad genus omne videt.
corpora Vestales oculi meretricia cernunt,
nec domino poenae res ea causa fuit.
at cur in nostra nimia est lascivia Musa,
curve meus cuiquam suadet amare liber?
nil nisi peccatum manifestaque culpa fatenda est:
paenitet ingenii iudiciique mei.
cur non Argolicis potius quae concidit armis
vexata est iterum carmine Troia meo?

Müttern machte. Wenn sie dem daneben stehenden Junotempel ihre Verehrung bezeugt, wird ihr einfallen, dass diese Göttin wegen vieler Nebenfrauen Kummer empfand. Hat sie Pallas erblickt, wird sie fragen, warum die Jungfrau Erichthonius aufzog, der wegen eines Vergehens zur Welt kam. [295] Kommt sie in den Tempel des großen Mars, dein Geschenk, steht Venus direkt neben dem Ultor, ihr Mann vor der Tür. Während sie im Tempel der Isis sitzt, wird sie fragen, warum Saturnia diese über das Jonische Meer und den Bosporus trieb. Auf Venus wird Anchises, auf Luna der latmische Held, [300] auf Ceres Jasion bezogen werden.

Alles kann verdrehte Sinne verderben; trotzdem steht das alles sicher an seinem eigenen Platz. [305] Und jede Frau, die dort eingedrungen ist, wohin der Priester zu gehen ihr nicht gestattet, wird sofort selbst einer Schuld angeklagt, von der er ausgenommen ist. [303] Und in weitem Abstand von meiner nur für Hetären geschriebenen *Ars* hält die erste Seite freigeborene Hände. [307] Aber trotzdem ist es kein Verbrechen, zarte Verse zu entrollen; vieles, was sie nicht tun dürfen, ist anständigen Frauen zu lesen erlaubt. Oft sieht eine verheiratete Frau mit strengen Augenbrauen auf nackte [310] und sich für jede Art von Sex prostituierende Frauen. Die Augen von Vestalinnen erblicken die Körper von Huren, und das war noch nie ein Grund für die Bestrafung von deren Besitzer.

Doch warum ist in meiner Muse zu viel Frivolität, oder warum rät mein Buch irgendjemandem zu lieben? [315] Nur eine Verfehlung und eine offenkundige Schuld ist zu bekennen: Ich bereue mein Talent und mein Geschmacksurteil. Warum wurde nicht lieber Troja, das durch argolische Waffen fiel, durch eine von mir verfasste Dichtung erneut

cur tacui Thebas et mutua vulnera fratrum,
    et septem portas, sub duce quamque suo?
nec mihi materiam bellatrix Roma negabat,
    et pius est patriae facta referre labor.
denique cum meritis impleveris omnia, Caesar,
    pars mihi de meritis una canenda fuit,
utque trahunt oculos radiantia lumina solis,
    traxissent animum sic tua facta meum.
arguor immerito: tenuis mihi campus aratur:
    illud erat magnae fertilitatis opus.
non ideo debet pelago se credere, siqua
    audet in exiguo ludere cumba lacu.
forsan – et hoc dubito – numeris levioribus aptus
    sim satis, in parvos sufficiamque modos:
at si me iubeas domitos Iovis igne Gigantas
    dicere, conantem debilitabit onus.
divitis ingenii est immania Caesaris acta
    condere, materia ne superetur opus.
et tamen ausus eram; sed detractare videbar,
    quodque nefas, damno viribus esse tuis.
ad leve rursus opus, iuvenalia carmina, veni,
    et falso movi pectus amore meum.
non equidem vellem. sed me mea fata trahebant,
    inque meas poenas ingeniosus eram.

heimgesucht? Warum schwieg ich von Theben und den von dem einen Bruder dem anderen geschlagenen Wunden [320] und von den sieben Toren, die jeweils einem eigenen Anführer unterstanden? Auch verweigerte die kriegerische Roma mir nicht einen Stoff, und es ist eine von Liebe zur Nation getragene Mühe, die Taten des Vaterlandes zu erzählen. Schließlich: Da du mit deinen verdienstvollen Leistungen alles erfüllt hast, Caesar, hätte ein Teil deiner verdienstvollen Leistungen von mir besungen werden müssen, [325] und wie das strahlende Sonnenlicht die Augen anzieht, hätten deine Taten meinen Geist angezogen.

Ich werde zu Unrecht angeklagt: Ein karges Feld wird von mir gepflügt; das wäre eine Aufgabe gewesen, die große Fruchtbarkeit verlangt. Falls [330] irgendein Kahn es wagt, sich in einem kleinen See zu amüsieren, sollte er sich deshalb nicht dem Meer anvertrauen. Vielleicht – sogar das bezweifle ich – bin ich genügend geeignet für leichtere Rhythmen und kleinen Gattungen gewachsen: Doch solltest du mir befehlen, von den durch Jupiters Blitz bezwungenen Giganten zu erzählen, würde mich schon beim Versuch die Last schwächen. [335] Es ist Aufgabe eines reichen Talents, die gewaltigen Taten Caesars darzustellen, wenn nicht der Stoff das Werk erdrücken soll. Und dennoch hatte ich es gewagt; aber es sah so aus, als würde ich verkleinern und, was ein Frevel war, deine Macht herabsetzen. Zu meiner leichten Aufgabe, der Dichtung meiner Jugend, kam ich wieder [340] und setzte mein Herz durch erfundene Liebe in Erregung. Ich für mein Teil wünschte, ich hätte das nicht getan. Doch mein Schicksal zog mich mit sich fort, und ich war erfinderisch – mit dem Ergebnis, dass ich bestraft wurde.

ei mihi! quo didici? cur me docuere parentes,
litteraque est oculos ulla morata meos?
haec tibi me invisum lascivas fecit ob Artes,
quas ratus es vetitos sollicitare toros.
sed neque me nuptae didicerunt furta magistro,
quodque parum novit, nemo docere potest.
sic ego delicias et mollia carmina feci,
strinxerit ut nomen fabula nulla meum.
nec quisquam est adeo media de plebe maritus,
ut dubius vitio sit pater ille meo.
crede mihi, distant mores a carmine nostri:
vita verecunda est, Musa iocosa mea.
magnaque pars mendax operum est et ficta meorum:
plus sibi permisit compositore suo.
nec liber indicium est animi, sed honesta voluptas:
plurima mulcendis auribus apta feret.
Accius esset atrox, conviva Terentius esset,
essent pugnaces, qui fera bella canunt.
denique composui teneros non solus amores:
composito poenas solus amore dedi.
quid, nisi cum multo Venerem confundere vino,
praecepit lyrici Teia Musa senis?
Lesbia quid docuit Sappho, nisi amare, puellas?
tuta tamen Sappho, tutus et ille fuit.
nec tibi, Battiade, nocuit, quod saepe legenti
delicias versu fassus es ipse tuas.

Weh mir, wozu habe ich etwas gelernt? Warum haben meine Eltern mich unterrichtet, oder warum hat auch nur irgendein Buchstabe meine Augen auf sich verweilen lassen? [345] Buchstaben machten mich dir verhasst wegen der frivolen *Ars*, die, wie du geglaubt hast, verbotene Betten zum Sex anrege. Aber weder haben verheiratete Frauen von mir als ihrem Lehrer etwas über heimliche Affären gelernt, noch kann jemand, was er zu wenig kennt, lehren. Auf solche Weise habe ich Werke über Liebesfreuden und zarte Verse verfasst, [350] dass kein Gerede meinen guten Ruf ankratzt. Auch gibt es selbst mitten aus dem einfachen Volk keinen Ehemann, der durch meine Schuld im Zweifel sein könnte, ob er der Vater ist. Glaube mir, meine Moral hat mit der Dichtung nichts zu tun: Meine Lebensweise ist sittsam, meine Muse locker. [355] Und ein großer Teil meiner Werke ist erfunden und erdichtet; er hat sich selbst mehr erlaubt als der, welcher ihn verfasst hat. Auch ist ein Buch nicht ein Zeugnis für eine Gesinnung, sondern harmlose Unterhaltung: Es wird sehr vieles bringen, das geeignet ist, den Ohren zu schmeicheln. Accius wäre sonst grimmig, Terenz ein Zechbruder, [360] streitlustig wären diejenigen, die von wilden Kriegen singen.

Schließlich habe ich nicht als Einziger Geschichten von zarter Liebe geschrieben: Ich bin als Einziger dafür bestraft worden, dass ich über die Liebe geschrieben habe. Was, außer Liebe mit viel Wein zu mischen, lehrte die teïsche Muse des lyrischen Greises? [365] Was brachte die Lesbierin Sappho ihren Mädchen bei, außer zu lieben? Dennoch war Sappho ungefährdet, und er war ungefährdet. Auch dir, Battiade, schadete es nicht, dass du selbst oft deinen Lesern in Versen deine Liebesfreuden gestanden hast. Kein Stück

fabula iucundi nulla est sine amore Menandri,
et solet hic pueris virginibusque legi.
Ilias ipsa quid est, nisi turpis adultera, de qua
inter amatorem pugna virumque fuit?
quid prius est illic flamma Briseidos, utque
fecerit iratos rapta puella duces?
aut quid Odyssea est, nisi femina propter amorem,
dum vir abest, multis una petita procis?
quis, nisi Maeonides, Venerem Martemque ligatos
narrat, in obsceno corpora prensa toro?
unde nisi indicio magni sciremus Homeri
hospitis igne duas incaluisse deas?
omne genus scripti gravitate tragoedia vincit:
haec quoque materiam semper amoris habet.
numquid in Hippolyto nisi saevae flamma novercae?
nobilis est Canace fratris amore soror.
quid? non Tantalides agitante Cupidine currus
Pisaeam Phrygiis vexit eburnus equis?
tingueret ut ferrum natorum sanguine mater,
concitus a laeso fecit amore dolor.
fecit amor subitas volucres cum paelice regem,
quaeque suum luget nunc quoque mater Ityn.
si non Aeropen frater sceleratus amasset,
aversos Solis non legeremus equos.
impia nec tragicos tetigisset Scylla coturnos,
ni patrium crinem desecuisset amor.

des heiteren Menander ist ohne Liebe, und doch wird er immer wieder von Knaben und Mädchen gelesen. Was ist selbst die *Ilias* außer einer schändlichen Ehebrecherin, um die es zwischen Liebhaber und Mann einen Kampf gab? Was kommt dort eher als die brennende Leidenschaft für Briseïs und wie das geraubte Mädchen die Anführer zornig gemacht habe? Oder was ist die *Odyssee* außer einer einzigen Frau, die wegen der Liebe, während ihr Mann abwesend ist, von vielen Freiern begehrt wird? Wer außer dem Mäoniden erzählt, wie Venus und Mars gefesselt, wie ihre Körper auf dem schamlosen Bett ertappt wurden? Woher außer durch das Zeugnis des großen Homer wüssten wir, dass zwei Göttinnen in glühender Liebe zu ihrem Gast entbrannten?

Die Tragödie übertrifft jede Art von Literatur an Ernst: Auch sie hat immer als Stoff die Liebe. Was gibt es im *Hippolytos* außer der glühenden Leidenschaft einer bösen Stiefmutter? Kanake ist eine durch die Liebe zu ihrem Bruder berühmte Schwester. Was? Trug nicht der elfenbeinerne Tantalide, wobei Cupido seinen Wagen lenkte, die Pisäerin auf einem phrygischen Gespann davon? Dass eine Mutter ihr Schwert mit dem Blut ihrer Kinder färbte, bewirkte von gekränkter Liebe erregter Schmerz. Liebe machte zu plötzlichen Vögeln zusammen mit seiner Nebenfrau einen König und die Mutter, die jetzt noch um ihren eigenen Itys trauert. Wenn nicht der verbrecherische Bruder Aërope geliebt hätte, würden wir nicht lesen, wie die Sonnenpferde zurückgewendet wurden. Die ruchlose Skylla hätte nicht die Kothurne der Tragödie angefasst, wenn nicht Liebe die Locke ihres Vaters abgeschnitten hätte. Wenn du von Elektra liest und von ihrem Bruder,

qui legis Electran et egentem mentis Oresten,
Aegisthi crimen Tyndaridosque legis.
nam quid de tetrico referam domitore Chimaerae,
quem leto fallax hospita paene dedit?
quid loquar Hermionen, quid te, Schoeneia virgo,
teque, Mycenaeo Phoebas amata duci?
quid Danaen Danaesque nurum matremque Lyaei
Haemonaque et noctes cui coiere duae?
quid Peliae generum, quid Thesea, quique Pelasgum
Iliacam tetigit de rate primus humum?
huc Iole Pyrrhique parens, huc Herculis uxor,
huc accedat Hylas Iliacusque puer.
tempore deficiar, tragicos si persequar ignes,
vixque meus capiat nomina nuda liber.
est et in obscenos deflexa tragoedia risus,
multaque praeteriti verba pudoris habet;
nec nocet auctori, mollem qui fecit Achillem,
infregisse suis fortia facta modis.
iunxit Aristides Milesia crimina secum,
pulsus Aristides nec tamen urbe sua est,
nec qui descripsit corrumpi semina matrum,
Eubius, impurae conditor historiae,
nec qui composuit nuper Sybaritica, fugit,
nec qui concubitus non tacuere suos.
stantque ea doctorum monumentis mixta virorum,
muneribusque ducum publica facta patent.

der seinen Verstand verloren hatte, liest du vom Verbrechen des Ägisth und der Tyndaridin. Denn warum soll ich von dem strengen Bezwinger der Chimäre erzählen, den seine trügerische Gastgeberin beinahe dem Tod ausgeliefert hätte? Warum soll ich Hermione nennen, warum dich, jungfräuliche Tochter des Schöneus, und dich, Phöbuspriesterin, die von dem mykenischen Heerführer geliebt wurde? Warum Danaë, Danaës Schwiegertochter, die Mutter des Lyäus und Hämon und sie, für die zwei Nächte zusammenkamen? Warum den Schwiegersohn des Pelias, warum Theseus und ihn, der als erster von den Pelasgern vom Schiff aus den Boden Ilions berührte? Hier mögen Iole und die Mutter des Pyrrhus, hier die Frau des Herkules, hier Hylas und der Knabe aus Ilion hinzukommen. Mir würde die Zeit ausgehen, wenn ich noch mehr tragische Liebesflammen anführen wollte, und kaum würde mein Buch die bloßen Namen fassen.

Es gibt auch eine Art von Tragödie, die, im Tonfall geändert, auf Gelächter über Obszönitäten abzielt und viele Wörter enthält, bei denen Schamgefühl außer Acht gelassen ist; und es schadet dem Autor, der Achill zum Weichling machte, nicht, dass er dessen tapfere Taten durch das Metrum schwächte. Aristides brachte sich selbst mit den milesischen Sexualdelikten in Verbindung, und dennoch wurde Aristides nicht aus seiner Stadt vertrieben, auch er nicht, der beschrieb, wie die Keime in Müttern vernichtet wurden, Eubios, der Autor eines schmutzigen Berichts, noch wurde er verbannt, der jüngst sybaritische Geschichten schrieb, noch wurden es die, welche ihre Erlebnisse beim Beischlaf nicht verschwiegen. Und all das steht in einer Reihe mit den denkwürdigen Werken gelehrter Män-

neve peregrinis tantum defendar ab armis,
et Romanus habet multa iocosa liber.
utque suo Martem cecinit gravis Ennius ore,
Ennius ingenio maximus, arte rudis,
explicat ut causas rapidi Lucretius ignis,
casurumque triplex vaticinatur opus,
sic sua lascivo cantata est saepe Catullo
femina, cui falsum Lesbia nomen erat;
nec contentus ea multos vulgavit amores,
in quibus ipse suum fassus adulterium est.
par fuit exigui similisque licentia Calvi,
detexit variis qui sua furta modis.
Cinna quoque his comes est, Cinnaque procacior Anser,
et leve Cornifici parque Catonis opus.
quid referam Ticidae, quid Memmi carmen, apud quos
rebus abest omnis nominibusque pudor;
et quorum libris, modo dissimulata Perillae
nomine, nunc legitur dicta Metella suo?
is quoque, Phasiacas Argon qui duxit in undas,
non potuit Veneris furta tacere suae.
nec minus Hortensi, nec sunt minus improba Servi
carmina. quis dubitet nomina tanta sequi?
vertit Aristiden Sisenna, nec obfuit illi
historiae turpes inseruisse iocos.

ner [420] und ist dank den Schenkungen von Feldherren zum öffentlichen Eigentum gemacht und allgemein zugänglich.

Und damit ich nicht nur von ausländischen Waffen verteidigt werde – auch römische Bücher enthalten viel Lockeres. Und wie der gewichtige Ennius in dem ihm eigenen Stil vom Krieg sang, Ennius, in seiner Erfindungskraft sehr groß, in seiner Kunst roh, [425] und wie Lukrez die Ursachen des verzehrenden Feuers entfaltet und prophezeit, dass das dreigefügte Universum zusammenstürzen werde, so wurde von dem frivolen Catull oft seine Geliebte besungen, die den falschen Namen Lesbia trug; und nicht zufrieden mit ihr verbreitete er viele Liebesgedichte, [430] in denen er selbst seine Treuebrüche gestand. Gleichartig und verwandt war die Freizügigkeit des kleinen Calvus, der seine heimlichen Affären in verschiedenen Metren enthüllte. [435] Auch Cinna ist ihr Genosse, Anser, noch lasziver als Cinna, und das locker-leichte Werk des Cornificius und das gleichartige Catos. [433] Was soll ich die Dichtung des Ticidas anführen, was die des Memmius, bei denen dem Stoff und den Worten jedes Schamgefühl fehlt; [437] und die, in deren Büchern man von Metella liest, die bald unter dem Namen Perilla versteckt ist, dann wieder mit ihrem eigenen genannt wird? [439] Er auch, der die Argo zu den Wellen des Phasis führte, [440] konnte nicht von eigenen heimlichen Affären schweigen. Nicht weniger unanständig sind die Gedichte des Hortensius, nicht weniger die des Servius. Wer würde zögern, sich so großen Namen anzuschließen? Sisenna übersetzte Aristides, und es schadete ihm nicht, dass er in sein Geschichtswerk anstößige Witze einstreute. [445] Schande brachte es Gallus nicht, dass er Lycoris ver-

non fuit opprobrio celebrasse Lycorida Gallo,
sed linguam nimio non tenuisse mero.
credere iuranti durum putat esse Tibullus,
sic etiam de se quod neget illa viro.
fallere custodes idem docuisse fatetur,
seque sua miserum nunc ait arte premi.
saepe, velut gemmam dominae signumve probaret,
per causam meminit se tetigisse manum;
utque refert, digitis saepe est nutuque locutus,
et tacitam mensae duxit in orbe notam;
et quibus e sucis abeat de corpore livor,
impresso fieri qui solet ore, docet;
denique ab incauto nimium petit ille marito,
se quoque uti servet, peccet ut illa minus.
scit, cui latretur, cum solus obambulet ipse
et totiens clausas exscreat ante fores,
multaque dat furti talis praecepta docetque
qua nuptae possint fallere ab arte viros.
non fuit hoc illi fraudi, legiturque Tibullus
et placet, et iam te principe notus erat.
invenies eadem blandi praecepta Properti:
destrictus minima nec tamen ille nota est.
his ego successi – quoniam praestantia candor
nomina vivorum dissimulare iubet.
non timui, fateor, ne, qua tot iere carinae,
naufraga servatis omnibus una foret.

herrlicht, sondern dass er unter der Wirkung von zu viel purem Wein seine Zunge nicht gezügelt hatte. Seiner Geliebten zu glauben, wenn sie schwört, hält Tibull für schwer, weil sie so auch gegenüber ihrem Mann leugnet, was ihn betrifft. Er gesteht auch, dass er sie gelehrt habe, die Wächter zu täuschen, und sagt, er, der Ärmste, werde jetzt durch seine eigene Kunst gequält. Oft – so erinnert er sich – habe er, als ob er den Edelstein oder den Siegelring der Geliebten prüfen würde, unter diesem Vorwand ihre Hand berührt; und, wie er erzählt, sprach er oft mit den Fingern oder durch Nicken und malte ein verschwiegenes Zeichen auf das Rund des Tisches; und er lehrt, durch welche Säfte der blaue Fleck vom Körper verschwindet, der gewöhnlich durch das Aufpressen eines Mundes entsteht; ja, er verlangt sogar von dem allzu unvorsichtigen Ehemann, dieser möge auch auf ihn aufpassen, damit sie sich weniger vergeht. Er weiß, wem das Bellen gilt, weil er selbst allein auf und ab geht und so oft vor der verschlossenen Tür sich räuspert, und er gibt viele Anweisungen für solche heimlichen Affären, und er lehrt, durch welche Kunst verheiratete Frauen ihre Männer betrügen können. Dies brachte ihm keinen Schaden, und Tibull wird gelesen und gefällt, und er war bekannt, als du schon Princeps warst. Du wirst dieselben Anweisungen bei dem zärtlichen Properz finden: Er wurde dennoch nicht durch die geringste Rüge angekratzt. Auf sie folgte ich – der Anstand gebietet ja, die herausragenden Namen der noch Lebenden zu verschweigen. Ich fürchtete, wie ich gestehe, nicht, dass dort, wo so viele Schiffe fuhren, ein einziges, während alle anderen gerettet wurden, Schiffbruch erleiden würde.

Von anderen wurden Abhandlungen über die Kunst, wie

sunt aliis scriptae, quibus alea luditur, artes –
haec erat ad nostros non leve crimen avos –,
quid valeant tali, quo possis plurima iactu
figere, damnosos effugiasve canes;
tessera quos habeat numeros, distante vocato
mittere quo deceat, quo dare missa modo;
discolor ut recto grassetur limite miles,
cum medius gemino calculus hoste perit,
ut dare bella sequens sciat et revocare priorem,
nec tuto fugiens incomitatus eat;
parva sit ut ternis instructa tabella lapillis,
in qua vicisse est continuasse suos;
quique alii lusus – neque enim nunc persequar omnes –
perdere rem caram, tempora nostra solent.
ecce canit formas alius iactusque pilarum,
hic artem nandi praecipit, ille trochi.
composita est aliis fucandi cura coloris;
hic epulis leges hospitioque dedit;
alter humum, de qua fingantur pocula, monstrat,
quaeque, docet, liquido testa sit apta mero.
talia luduntur fumoso mense Decembri,
quae damno nulli composuisse fuit.
his ego deceptus non tristia carmina feci,
sed tristis nostros poena secuta iocos.
denique nec video tot de scribentibus unum,
quem sua perdiderit Musa; repertus ego.

man mit Würfeln spielt, geschrieben – das war nach Ansicht unserer Vorfahren kein leichtes Verbrechen –, darüber, welchen Wert die Knöchel haben, mit welchem Wurf du dir die meisten Punkte sichern oder den verderblichen Hunden entkommen kannst, [475] welche Zahlen der Würfel hat und wie man, wenn eine, die nicht darauf steht, aufgerufen wird, werfen und wie er sie nach dem Wurf zeigen soll; wie ein verschiedenfarbiger Soldat auf einer geraden Linie vorrückt, wenn ein Spielstein, der zwischen zwei Gegnern liegt, verloren geht, wie einer zu folgen und den Kampf anzubieten und den vor ihm zurückzurufen weiß [480] und auf sicherer Flucht nicht unbegleitet marschiert; wie ein kleines Brett mit drei Steinen ausgestattet ist, auf dem Gewinnen bedeutet, dass man seine eigenen in einer Reihe gesetzt hat; und über andere Spiele – denn ich will sie jetzt nicht alle durchgehen –, die das kostbare Ding, unsere Zeit, zu verschwenden pflegen. [485] Schau her, ein anderer singt über die Formen und Würfe von Bällen, der hier lehrt die Kunst des Schwimmens, der diejenige des Reifenspiels. Von anderen wurde über das Verfahren beim Schminken geschrieben, der hier gab Gesetze für Gelage und Gastfreundschaft; ein anderer weist auf den Ton hin, aus dem Becher geformt werden, [490] und lehrt, welcher Krug für klaren Wein geeignet ist. Solche Spiele werden im rauchigen Monat Dezember betrieben, über die zu schreiben niemandem Schaden brachte. Ich, dadurch getäuscht, verfasste eine Dichtung, die nicht traurig war, aber eine traurige Strafe folgte auf meine Scherze. [495] Kurz und gut, ich sehe unter so vielen, die schrieben, nicht einen Einzigen, den seine eigene Muse vernichtete; man findet da nur mich.

quid, si scripsissem mimos obscena iocantes,
qui semper vetiti crimen amoris habent,
in quibus adsidue cultus procedit adulter,
verbaque dat stulto callida nupta viro?
nubilis hos virgo matronaque virque puerque
spectat, et ex magna parte senatus adest.
nec satis incestis temerari vocibus aures:
adsuescunt oculi multa pudenda pati;
cumque fefellit amans aliqua novitate maritum,
plauditur et magno palma favore datur;
quaeque minus prodest, scaena est lucrosa poetae,
tantaque non parvo crimina praetor emit.
inspice ludorum sumptus, Auguste, tuorum:
empta tibi magno talia multa leges.
haec tu spectasti spectandaque saepe dedisti –
maiestas adeo comis ubique tua est –
luminibusque tuis, totus quibus utitur orbis,
scaenica vidisti lentus adulteria.
scribere si fas est imitantes turpia mimos,
materiae minor est debita poena meae.
an genus hoc scripti faciunt sua pulpita tutum,
quodque licet, mimis scaena licere dedit?
et mea sunt populo saltata poemata saepe,
saepe oculos etiam detinuere tuos.
scilicet in domibus vestris, ut prisca virorum
artifici fulgent corpora picta manu,

Was, wenn ich Mimen geschrieben hätte, die schamlose Witze machen, die immer das Verbrechen verbotener Liebe beinhalten, in denen ständig der elegante Ehebrecher einherstolziert und die verschlagene Ehefrau ihren dummen Mann betrügt? Die heiratsfähige Jungfrau, die verheiratete Frau, der Mann und der Knabe sehen sich diese an, und zu einem großen Teil ist der Senat anwesend. Und es ist nicht genug, dass die Ohren durch unanständige Wörter beleidigt werden: Die Augen sind es gewohnt, viel Schamloses zu ertragen. Und wenn der Liebhaber den Ehemann durch irgendeinen neuen Trick getäuscht hat, wird applaudiert, und der Siegespalmzweig wird mit großem Beifall zuerkannt. Und das Bühnenspiel, das recht wenigen Nutzen bringt, ist einträglich für den Dichter, und der Prätor kauft so große Verbrechen für keinen geringen Preis. Schau dir die Abrechnungen über deine Spiele an, Augustus: Du wirst lesen, dass viel solches Zeug von dir zu einem hohen Preis gekauft wurde. Du hast dir das angeschaut und oft zum Anschauen freigegeben – deine Majestät ist in allen Bereichen in so hohem Maße leutselig –, und mit deinen Augen, von denen der ganze Erdkreis Nutzen hat, hast du gelassen Ehebruch auf der Bühne angesehen. Wenn es rechtmäßig ist, Mimen zu schreiben, die Schamlosigkeiten nachahmen, verdient mein Stoff geringere Strafe. Oder machen diese Art von Literatur die Bretter, die zu ihr gehören, sicher, und hat zu dem, was den Mimen erlaubt ist, die Bühne die Erlaubnis gegeben? Auch meine Dichtungen wurden oft für ein Publikum getanzt, oft haben sie sogar deine Augen gefesselt.

Natürlich befindet sich in deinem Haus, wie dort die von Künstlerhand gemalten Körper von Männern aus alter Zeit

sic, quae concubitus varios Venerisque figuras
  exprimat, est aliquo parva tabella loco;
utque sedet vultu fassus Telamonius iram,
  inque oculis facinus barbara mater habet,
sic madidos siccat digitis Venus uda capillos,
  et modo maternis tecta videtur aquis.
bella sonant alii telis instructa cruentis,
  parsque tui generis, pars tua facta canunt:
invida me spatio natura coercuit arto,
  ingenio vires exiguasque dedit.
et tamen ille tuae felix Aeneidos auctor
  contulit in Tyrios arma virumque toros,
nec legitur pars ulla magis de corpore toto
  quam non legitimo foedere iunctus amor.
Phyllidis hic idem tenerosque Amaryllidis ignes
  bucolicis iuvenis luserat ante modis.
nos quoque iam pridem scripto peccavimus isto:
  supplicium patitur non nova culpa novum;
carminaque edideram, cum te delicta notantem
  praeterii totiens inreprehensus eques.
ergo quae iuveni mihi non nocitura putavi
  scripta parum prudens, nunc nocuere seni.
sera redundavit veteris vindicta libelli,
  distat et a meriti tempore poena sui.
ne tamen omne meum credas opus esse remissum,
  saepe dedi nostrae grandia vela rati.

glänzen, so auch an irgendeinem Ort ein kleines Bild, das verschiedene Arten von Koitus und die Stellungen beim Sex darstellt; [525] und wie der Telamonier dasitzt und durch seine Miene seinen Zorn zum Ausdruck bringt und die barbarische Mutter in ihren Augen ihr Verbrechen hat, so trocknet Venus, noch nass, mit den Fingern ihre triefenden Haare, und man sieht sie, nachdem sie gerade noch von den mütterlichen Fluten bedeckt gewesen war. Andere tönen von Kriegen, die mit blutigen Waffen geführt werden, [530] und ein Teil singt von den Taten deines Geschlechts, ein Teil von deinen eigenen: Mich hat die missgünstige Natur auf einen engen Bereich eingeschränkt und meinem Talent nur geringe Kraft gegeben. Und dennoch brachte jener glückliche Verfasser deiner *Aeneis* Waffen und Mann in das tyrische Bett, [535] und kein Abschnitt des ganzen Korpus wird mehr gelesen als der über die Liebe, zu der zwei sich in einem unrechtmäßigen Bund vereinten. Er auch hatte als junger Mann zuvor von der zarten Liebesglut der Phyllis und der Amaryllis in bukolischen Metren spielerisch gedichtet.

Auch ich habe schon vor langer Zeit mit dieser Art von Literatur eine Verfehlung begangen: [540] Die nicht neue Schuld erleidet eine neue Strafe. Ich hatte diese Dichtung veröffentlicht und zog, wenn du Vergehen rügtest, noch so oft als untadeliger Ritter an dir vorbei. Also hat mein Werk, von dem ich mit zu wenig Voraussicht dachte, es werde mir als jungem Mann nicht schaden, mir nun als altem Mann geschadet. [545] Spät ist die Vergeltung für ein altes Büchlein auf mich zurückgeflutet, und die Strafe ist von der Zeit des Vergehens weit entfernt. Doch damit du nicht denkst, dass mein ganzes Werk locker ist: Oft gab ich meinem

sex ego Fastorum scripsi totidemque libellos,
cumque suo finem mense libellus habet,
idque tuo nuper scriptum sub nomine, Caesar,
et tibi sacratum sors mea rupit opus;
et dedimus tragicis sceptrum regale tyrannis,
quaeque gravis debet verba coturnus habet;
dictaque sunt nobis, quamvis manus ultima coeptis
defuit, in facies corpora versa novas.
atque utinam revoces animum paulisper ab ira,
et vacuo iubeas hinc tibi pauca legi,
pauca, quibus prima surgens ab origine mundi
in tua deduxi tempora, Caesar, opus!
aspicies, quantum dederis mihi pectoris ipse,
quoque favore animi teque tuosque canam.
non ego mordaci destrinxi carmine quemquam,
nec meus ullius crimina versus habet.
candidus a salibus suffusis felle refugi:
nulla venenato littera tincta ioco est.
inter tot populi, tot scriptis, milia nostri,
quem mea Calliope laeserit, unus ego.
non igitur nostris ullum gaudere Quiritem
auguror, at multos indoluisse malis;
nec mihi credibile est quemquam insultasse iacenti,
gratia candori siqua relata meo est.
his, precor, atque aliis possint tua numina flecti,
o pater, o patriae cura salusque tuae!

Schiff große Segel. Sechs Büchlein *Fasti* schrieb ich und noch einmal so viele, [550] und jedes Büchlein hat sein Ende zusammen mit dem Monat, und mein Schicksal hat dieses Werk, das kürzlich mit einer Widmung an dich geschrieben wurde und dir geweiht ist, abbrechen lassen; ich gab das königliche Szepter Tyrannen der Tragödie, und der gewichtige Kothurn hat die Worte, die er haben muss. [555] Und geschildert wurden von mir, wenn auch die letzte Hand meinem Beginnen fehlte, in neue Gestalten verwandelte Körper. Und würdest du doch deinen Sinn nur für ein Weilchen von deinem Zorn weglenken und befehlen, dass man dir, wenn du Zeit hast, wenige Worte daraus vorliest, die wenigen Worte, mit denen ich das vom ersten Ursprung der Welt an aufsteigende Werk [560] bis in deine Zeit herabgeführt habe, Caesar! Du wirst sehen, wieviel Inspiration du selbst mir eingegeben hast und mit welcher Gunstbezeigung meines Herzens ich dich und die Deinen besinge.

Niemanden habe ich mit einer bissigen Dichtung angekratzt, und meine Verse enthalten keine Anklage gegen irgendjemanden. [565] Anständig, wie ich bin, floh ich vor Witz, der mit Galle getränkt ist: Kein Buchstabe ist von einem vergifteten Scherz gefärbt. Unter so vielen Tausenden unseres Volkes, so vielen Werken der Literatur, bin ich der Einzige, den meine Kalliope verletzt hat. Ich vermute also nicht, dass irgendein Quirit sich über mein Unglück freut, [570] sondern dass viele darüber bekümmert sind. Und es ist für mich nicht glaubhaft, dass mich irgendjemand verspottet hat, während ich am Boden lag, falls meiner Anständigkeit irgendein Dank erwiesen wurde.

Könnte doch, ich bitte darum, von diesen und anderen

non ut in Ausoniam redeam, nisi forsitan olim,
cum longo poenae tempore victus eris:
tutius exilium pauloque quietius oro,
ut par delicto sit mea poena suo.

3,1

'Missus in hanc venio timide liber exulis urbem:
da placidam fesso, lector amice, manum.
neve reformida, ne sim tibi forte pudori:
nullus in hac charta versus amare docet.
haec domini fortuna mei est, ut debeat illam
infelix nullis dissimulare iocis.
id quoque, quod viridi quondam male lusit in aevo,
heu nimium sero damnat et odit opus!
inspice, quid portem: nihil hic nisi triste videbis,
carmine temporibus conveniente suis.
clauda quod alterno subsidunt carmina versu,
vel pedis hoc ratio, vel via longa facit;
quod neque sum cedro flavus nec pumice levis,
erubui domino cultior esse meo;
littera suffusas quod habet maculosa lituras,
laesit opus lacrimis ipse poeta suis.
siqua videbuntur casu non dicta Latine,
in qua scribebar, barbara terra fuit.

Argumenten, deine göttliche Macht umgestimmt werden, o Vater, o Fürsorge und Rettung für dein Vaterland! Nicht, damit ich nach Ausonien zurückkehre, außer vielleicht dereinst, wenn du durch die lange zeitliche Dauer meiner Strafe überwältigt bist: Um einen sichereren und ein wenig ruhigeren Exilort bitte ich, damit meine Strafe ihrem Verbrechen angemessen sei.

Buch 3, Elegie 1

»Geschickt in diese Stadt, komme ich, Buch eines Verbannten, mit Bangen: Gib, lieber Leser, dem Erschöpften freundlich die Hand! Und schrick nicht zurück aus Angst, dass du dich etwa meiner schämen müsstest: Kein einziger Vers auf diesem Papyrus lehrt zu lieben. Derart ist die Lage meines Herrn, dass er, der Unglückliche, darüber nicht mit irgendwelchen Späßen hinwegtäuschen darf. Auch das Werk, das er einst in der blühenden Jugend auf üble Weise zum Zeitvertreib verfasste, ach, viel zu spät verflucht und hasst er es!

Sieh prüfend an, was ich bringe: Nur Trauriges wirst du hier sehen, da die Dichtung den Umständen entspricht, unter denen sie entstand. Dass die Gedichte hinken und jeder zweite Vers herabsinkt, dafür ist der Fuß der Grund, oder der lange Weg macht das; dass ich weder von Zedernöl gelb noch mit Bimsstein geglättet bin, liegt daran, dass ich mich schäme, feiner zu sein als mein Herr; dass die Buchstaben bekleckst sind und verlaufene Flecken haben, liegt daran, dass der Dichter selbst mit seinen eigenen Tränen sein Werk entstellte. Wenn dir etwas manchmal nicht in richtigem Latein gesagt zu sein scheint, so wisse: Das

dicite, lectores, si non grave, qua sit eundum,
quasque petam sedes hospes in urbe liber.'
haec ubi sum furtim lingua titubante locutus,
qui mihi monstraret, vix fuit unus, iter.
'di tibi dent, nostro quod non tribuere parenti,
molliter in patria vivere posse tua.
duc age! namque sequor, quamvis terraque marique
longinquo referam lassus ab orbe pedem.'
paruit, et ducens 'haec sunt fora Caesaris', inquit;
'haec est a sacris quae via nomen habet;
hic locus est Vestae, qui Pallada servat et ignem;
haec fuit antiqui regia parva Numae.'
inde petens dextram 'porta est' ait 'ista Palati;
hic Stator, hoc primum condita Roma loco est.'
singula dum miror, video fulgentibus armis
conspicuos postes tectaque digna deo.
'an Iovis haec' dixi 'domus est?' quod ut esse putarem,
augurium menti querna corona dabat.
cuius ut accepi dominum, 'non fallimur', inquam,
'et magni verum est hanc Iovis esse domum.
cur tamen opposita velatur ianua lauro,
cingit et augustas arbor opaca fores?
num quia perpetuos meruit domus ista triumphos,
an quia Leucadio semper amata deo est?

Land, in dem ich geschrieben wurde, ist ein barbarisches. Sagt, Leser, wenn es euch nicht lästig ist, wie ich gehen muss und welchen Wohnsitz ich, das Buch, ein Fremdling in der Stadt, aufsuchen soll.«

Als ich das unauffällig mit stockender Zunge gesagt hatte, fand sich mit Mühe einer, der mir den Weg zeigte.

»Die Götter mögen dir geben, was sie meinem Erzeuger nicht zugestanden: dass du bequem in deiner Heimat leben kannst! Auf denn, führe mich! Denn ich folge dir, obwohl ich müde zu Wasser und zu Land und aus einer weit entfernten Welt heimkehre.«

Er gehorchte, und während er mich führte, sagte er: »Dies ist das Forum Caesars, dies ist die Straße, die den Namen von ihren Heiligtümern hat; dies ist die Stätte Vestas, die Pallas und das Feuer birgt; dies war in alter Zeit Numas kleiner Königspalast.« Von da wandte er sich nach rechts und sagte: »Das da ist das Tor zum Palatin; dies ist Stator, an dieser Stätte wurde Rom ursprünglich gegründet.«

Während ich alles einzeln bewunderte, sah ich Türpfosten, die durch ihre funkelnden Waffen auffielen, und ein Haus, das eines Gottes würdig war. »Ist dies wohl Jupiters Haus?«, fragte ich. Eine Vorahnung, so dass ich annahm, es sei so, gab meinem Sinn ein Eichenkranz. Als ich erfahren hatte, wer der Herr des Hauses sei, sagte ich: »Ich täusche mich nicht, und es ist wahr, dass dies das Haus des großen Jupiter ist. Doch warum wird die Haustür von zwei einander gegenüber stehenden Lorbeerbäumen verhüllt, warum säumen schattige Bäume die erhabenen Türflügel? Weil dieses Haus ständig Triumphe verdient hat oder weil es dem leukadischen Gott immer lieb ist?

ipsane quod festa est, an quod facit omnia festa?
quam tribuit terris, pacis an ista nota est?
utque viret semper laurus nec fronde caduca
carpitur, aeternum sic habet illa decus?
causa superpositae scripto est testata coronae
servatos cives indicat huius ope.
adice servatis unum, pater optime, civem,
qui procul extremo pulsus in orbe iacet,
in quo poenarum, quas se meruisse fatetur,
non facinus causam, sed suus error habet.
me miserum! vereorque locum vereorque Penates,
et quatitur trepido littera nostra metu.
aspicis exsangui chartam pallere colore?
aspicis alternos intremuisse pedes?
quandocumque, precor, nostro placere parenti,
isdem et sub dominis aspiciare, domus!'
inde tenore pari gradibus sublimia celsis
ducor ad intonsi candida templa dei,
signa peregrinis ubi sunt alterna columnis,
Belides et stricto barbarus ense pater,
quaeque viri docto veteres peperere novique
pectore, lecturis inspicienda patent.
quaerebam fratres, exceptis scilicet illis,
quos suus optaret non genuisse pater:
quaerentem frustra custos me sedibus illis
praepositus sancto iussit abire loco.

Weil es selbst festlich ist oder weil es alles festlich macht? Oder ist dies ein Symbol des Friedens, den es den Ländern geschenkt hat? Und hat es so, wie der Lorbeer immer grün ist und nicht welkt, wenn sein Laub herabfällt, ewigen Ruhm? Der Grund für den über der Tür hängenden Kranz wird durch eine Inschrift bekundet, und diese zeigt an, dass durch seine Hilfe Bürger gerettet wurden. Füge, bester Vater, den von dir Geretteten noch *einen* Bürger hinzu, der verstoßen wurde und erniedrigt am Rande der Welt lebt und bei dem nicht eine Schandtat Schuld hat an der Strafe, die er zugibt, verdient zu haben, sondern sein eigener Irrtum. Ich Ärmster! Ich fürchte die Stätte und das Haus, und meine Buchstaben werden von Unruhe und Angst geschüttelt. Siehst du, wie der Papyrus erbleicht und seine Farbe blass wird? Siehst du, wie die einander abwechselnden Füße zu zittern beginnen? Irgendwann einmal, ich bitte darum, mögest du, Haus, dich mit meinem Erzeuger versöhnen und noch unter demselben Herrn von ihm gesehen werden!«

Von dort werde ich in kontinuierlichem Lauf zu dem erhaben auf hochragenden Stufen stehenden schneeweißen Tempel des Gottes mit dem wallenden Haar geführt, wo zwischen ausländischen Säulen abwechselnd Statuen stehen, die Beliden und der barbarische Vater mit gezücktem Schwert, und wo das, was Männer der alten und neuen Zeit aus gelehrter Brust erzeugten, denen, die es lesen wollen, zur Einsichtnahme offen steht. Ich suchte meine Brüder, natürlich mit Ausnahme von denen, die ihr eigener Vater nicht gezeugt zu haben wünscht: Während ich sie vergeblich suchte, befahl mir der Kustos, dem dieser Wohnsitz untersteht, von der heiligen Stätte wegzugehen.

altera templa peto, vicino iuncta theatro:
haec quoque erant pedibus non adeunda meis.
nec me, quae doctis patuerunt prima libellis,
atria Libertas tangere passa sua est.
in genus auctoris miseri fortuna redundat,
et patimur nati, quam tulit ipse, fugam.
forsitan et nobis olim minus asper et illi,
evictus longo tempore, Caesar erit.
di, precor, atque adeo – neque enim mihi turba roganda est –
Caesar, ades voto, maxime dive, meo!
interea, quoniam statio mihi publica clausa est,
privato liceat delituisse loco.
vos quoque, si fas est, confusa pudore repulsae,
sumite, plebeiae, carmina nostra, manus.

3,8

Nunc ego Triptolemi cuperem consistere curru,
misit in ignotam quo rude semen humum;
nunc ego Medeae vellem frenare dracones,
quos habuit fugiens arce, Corinthe, tua;
nunc ego iactandas optarem sumere pinnas,
sive tuas, Perseu, Daedale, sive tuas,
ut tenera nostris cedente volatibus aura
aspicerem patriae dulce repente solum,
desertaeque domus vultum, memoresque sodales,
caraque praecipue coniugis ora meae.

Zu einem anderen Tempel begab ich mich, der in unmittelbarer Nachbarschaft des Theaters steht: Auch dieser durfte von meinen Füßen nicht besucht werden. Nicht einmal Libertas duldete es, dass ich ihre Halle betrat, die gelehrten Büchlein als erste offenstand.

Auf das Geschlecht des unglückseligen Erzeugers greift sein Schicksal über, und wir, seine Kinder, erdulden seine Verbannung, die er selbst erleiden muss. Vielleicht wird Caesar sich nach langer Zeit überwinden und sowohl uns als auch ihm gegenüber weniger streng sein. Ihr Götter, ich bitte euch, vielmehr sei du – denn ich muss nicht die ganze Schar anflehen –, Caesar, größter Gott, meinem Gebet gewogen! Inzwischen sei, da mir ein Standort in der Öffentlichkeit verschlossen ist, gestattet, dass ich mich an einem privaten Ort verstecke. Auch ihr, Hände einfacher Leute, greift, wenn es erlaubt ist, zu meinen Gedichten, die vor Scham über die Zurückweisung ganz verwirrt sind.

Buch 3, Elegie 8

Jetzt würde ich sehr gerne auf Triptolemus' Wagen stehen, von dem aus er den Ursamen auf den Erdboden streute, der diesen noch nicht kannte; jetzt möchte ich die Drachen Medeas zügeln, die sie hatte, als sie aus deiner Burg floh, Korinth; jetzt wünschte ich Flügel anzulegen, um sie zu schwingen, seien es deine, Perseus, oder deine, Dädalus, so dass ich, während die sanfte Luft vor meinen Flugbewegungen zurückwiche, plötzlich den geliebten Boden der Heimat erblicken könnte und die Frontseite meines verlassenen Hauses, die meiner gedenkenden Gefährten und das mir vor allen liebe Gesicht meiner Frau.

stulte, quid o frustra votis puerilibus optas,
    quae non ulla tulit fertve feretve dies?
si semel optandum est, Augustum numen adora,
    et, quem sensisti, rite precare deum.
ille tibi pinnasque potest currusque volucres
    tradere: det reditum, protinus ales eris.
si precer hoc – neque enim possim maiora precari –
    ne mea sint, timeo, vota modesta parum.
forsitan hoc olim, cum se satiaverit ira,
    tum quoque sollicita mente precandus erit:
quod nimis interea est instar mihi muneris ampli,
    ex his me iubeat quolibet ire locis.
nec caelum nec aquae faciunt nec terra nec aurae,
    et mihi perpetuus corpora languor habet:
seu vitiant artus aegrae contagia mentis,
    sive mei causa est in regione mali,
ut tetigi Pontum, vexant insomnia, vixque
    ossa tegit macies, nec iuvat ora cibus;
quique per autumnum percussis frigore primo
    est color in foliis, quae nova laesit hiems,
is mea membra tenet, nec viribus adlevor ullis,
    et numquam queruli causa doloris abest.
nec melius valeo, quam corpore, mente, sed aegra est
    utraque pars aeque binaque damna fero.
haerens ante oculos veluti spectabile corpus
    adstat fortunae forma tegenda meae;

Du Tor, warum begehrst du – ach, vergebens! – mit kindlichen Wünschen, was kein Tag jemals gebracht hat oder bringt oder bringen wird? Wenn schon einmal begehrt sein muss, flehe zur göttlichen Majestät des Augustus und bitte, wie es sich gehört, die göttliche Macht, die du zu spüren bekommen hast. Er kann dir Flügel und einen Flügelwagen geben: Gestattet er dir die Heimkehr, wirst du sofort beflügelt sein. Wenn ich darum bitten wollte – es ist ja das Größte, worum ich bitten könnte –, sind meine Wünsche, fürchte ich, zu wenig bescheiden. Vielleicht muss ich ihn darum eines Tages, wenn sein Zorn sich gesättigt hat, und auch dann mit bangendem Herzen bitten. Was für mich einstweilen einer überreichen Gabe gleichkommt, ist dies: Er möge mir befehlen, fort aus dieser Gegend irgendwohin zu gehen.

Weder das Klima noch das Wasser noch die Erde noch die Luft bekommen mir, und mein Körper ist ständig geschwächt: Sei es, dass der Kontakt mit der kranken Seele die Glieder infiziert, sei es, dass mein Leiden der Landstrich verursacht – seit ich den Pontus erreicht habe, quält mich Schlaflosigkeit, meine Magerkeit verdeckt kaum die Knochen, und keine Speise schmeckt meinem Mund. Die Farbe der im Herbst vom ersten Frost durchdrungenen Blätter, die der Wintereinbruch versehrt hat, ist die Farbe, die meine Glieder haben; durch keinerlei Kräfte werde ich aufgerichtet, und niemals fehlt mir ein Grund zur Klage über einen Schmerz.

Und es geht mir seelisch nicht besser als körperlich, nein, beide Bereiche sind gleich krank, und ich muss zweifache Beeinträchtigung ertragen. Vor Augen schwebt und steht mir wie ein sichtbarer Körper die Gestalt meines

cumque locum moresque hominum cultusque sonumque
    cernimus, et, qui sim qui fuerimque, subit,
tantus amor necis est, querar ut cum Caesaris ira,
    quod non offensas vindicet ense suas.
at, quoniam semel est odio civiliter usus,
    mutato levior sit fuga nostra loco.

3,10

Siquis adhuc istic meminit Nasonis adempti,
    et superest sine me nomen in urbe meum,
suppositum stellis numquam tangentibus aequor
    me sciat in media vivere barbarie:
Sauromatae cingunt, fera gens, Bessique Getaeque,
    quam non ingenio nomina digna meo!
dum tamen aura tepet, medio defendimur Histro:
    ille suis liquidus bella repellit aquis.
at cum tristis hiems squalentia protulit ora,
    terraque marmoreo est candida facta gelu,
nec patitur Boreas et nox habitare sub Arcto,
    tunc undas gentes axe gemente premunt.
nix iacet, et iactam ne sol pluviaeque resolvant,
    indurat Boreas perpetuamque facit.
ergo ubi delicuit nondum prior, altera venit,
    et solet in multis bima manere locis.

Schicksals, die verhüllt sein sollte; und wenn ich den Ort, die Sitten der Menschen, ihre Lebensweise und ihre Laute wahrnehme und in mir aufsteigt, wer ich bin und wer ich war, ist die Sehnsucht nach dem Tod so groß, dass ich zusammen mit dem Zorn Caesars beklage, dass er die Kränkung seiner Person nicht mit dem Schwert bestraft. Doch da er seinen Hass nun einmal gemäßigt hat, möge meine Verbannung durch einen Ortswechsel leichter werden.

Buch 3, Elegie 10

Wenn jemand bei euch dort sich noch an Naso, den euch Entrissenen, erinnert und mein Name ohne mich in der Stadt noch lebendig ist, so wisse er, dass ich dort, wo die Sterne niemals die unter ihnen liegende Meeresfläche berühren, mitten in der Barbarei lebe: Sauromaten, ein wilder Stamm, sind um mich herum, Bessen und Geten, Namen, o wie unwürdig meines Genies!

Freilich, solange die Luft lau ist, werden wir durch den Hister, der dazwischen liegt, geschützt: Während er fließt, hält er mit seinem Wasser die Kriege von uns fern. Doch wenn der grimmige Winter sein starres Antlitz zeigt, die Erde weiß geworden ist vom marmornen Frost und Boreas und die Nächte nicht zulassen, dass man unter dem Großen Bären wohnt, dann fahren die Stämme mit quietschenden Wagenachsen über die Wellen. Es liegt Schnee, und damit Sonne und Regen die Schneedecke nicht schmelzen, härtet Boreas ihn und macht ihn beständig. Daher kommt, wenn der erste noch nicht geschmolzen ist, der zweite, und an vielen Orten bleibt er gewöhnlich zwei Jahre

tantaque commoti vis est Aquilonis, ut altas
aequet humo turres tectaque rapta ferat.
pellibus et sutis arcent male frigora bracis,
oraque de toto corpore sola patent.
saepe sonant moti glacie pendente capilli,
et nitet inducto candida barba gelu;
nudaque consistunt, formam servantia testae,
vina, nec hausta meri, sed data frusta bibunt.
quid loquar, ut vincti concrescant frigore rivi,
deque lacu fragiles effodiantur aquae?
ipse, papyrifero qui non angustior amne
miscetur vasto multa per ora freto,
caeruleos ventis latices durantibus, Hister
congelat, et tectis in mare serpit aquis;
quaque rates ierant, pedibus nunc itur, et undas
frigore concretas ungula pulsat equi;
perque novos pontes, subterlabentibus undis,
ducunt Sarmatici barbara plaustra boves.
vix equidem credar, sed, cum sint praemia falsi
nulla, ratam debet testis habere fidem:
vidimus ingentem glacie consistere Pontum –
lubricaque inmotas testa premebat aquas –
nec vidisse sat est: durum calcavimus aequor,
undaque non udo sub pede firma fuit.
si tibi tale fretum quondam, Leandre, fuisset,
non foret angustae mors tua crimen aquae.
tum neque se pandi possunt delphines in auras
tollere – conantes dura coercet hiems –

liegen. Und so groß ist die Kraft des Aquilo, wenn er entfesselt ist, dass er hohe Türme dem Erdboden gleichmacht und Dächer abreißt und davonträgt. Mit Fellen und genähten Hosen hält man nur schlecht die Kälte fern, und vom ganzen Körper ist allein das Gesicht zu sehen. Oft klirrt das Haar, wenn es sich bewegt, von Eiszapfen, und der Bart glänzt weiß, wenn er von Reif überzogen ist. Ohne Umhüllung steht, die Form des Kruges bewahrend, der Wein da, und man trinkt den Puren nicht schluckweise, sondern nachdem er in Brocken dargereicht wurde. Warum sollte ich erzählen, wie die Bäche, von der Kälte gefesselt, zufrieren und wie man aus dem See zerbrechliches Wasser heraushackt? Selbst er, der nicht schmaler ist als der mit Papyrusstauden bewachsene Strom und der sich über viele Mündungen mit dem weiten Meer vermischt, der Hister, gefriert, wenn die Winde sein blaues Wasser härten, und windet sich mit Fluten, die eine Decke tragen, ins Meer; wo Schiffe gefahren sind, geht man jetzt zu Fuß, und die Pferdehufe schlagen auf Wellen, die von der Kälte zugefroren sind; und über neuartige Brücken, unter denen Wellen fließen, ziehen sarmatische Ochsen barbarische Karren.

Man wird es mir zwar kaum glauben, aber, da es für Erlogenes keine Belohnung gibt, muss der Zeuge festes Vertrauen finden: Ich sah den riesigen Pontus im Eis erstarren – eine schlüpfrige Eisdecke drückte auf das unbewegte Wasser –, und es gesehen zu haben, ist nicht genug: Ich betrat die harte Meeresfläche, und die Wellen waren fest unter meinem Fuß, ohne dass er nass wurde. Wäre für dich, Leander, die Brandung einst so beschaffen gewesen, wäre die Meerenge nicht schuld an deinem Tod. Dann konnten auch die krummen Delphine sich nicht in die Lüfte

et quamvis Boreas iactatis insonet alis,
  fluctus in obsesso gurgite nullus erit;
inclusaeque gelu stabunt ut marmore puppes,
  nec poterit rigidas findere remus aquas.
vidimus in glacie pisces haerere ligatos,
  et pars ex illis tum quoque viva fuit.
sive igitur nimii Boreae vis saeva marinas,
  sive redundatas flumine cogit aquas,
protinus aequato siccis Aquilonibus Histro
  invehitur celeri barbarus hostis equo;
hostis equo pollens longeque volante sagitta
  vicinam late depopulatur humum.
diffugiunt alii, nullisque tuentibus agros
  incustoditae diripiuntur opes,
ruris opes parvae, pecus et stridentia plaustra,
  et quas divitias incola pauper habet.
pars agitur vinctis post tergum capta lacertis,
  respiciens frustra rura Laremque suum;
pars cadit hamatis misere confixa sagittis:
  nam volucri ferro tinctile virus inest.
quae nequeunt secum ferre aut abducere, perdunt,
  et cremat insontes hostica flamma casas.
tum quoque, cum pax est, trepidant formidine belli,
  nec quisquam presso vomere sulcat humum.
aut videt aut metuit locus hic, quem non videt, hostem;
  cessat iners rigido terra relicta situ.

erheben – wenn sie es versuchen, hält sie der harte Winter fest –, und wenn Boreas auch noch so heftig die Flügel schwingt und daherbraust, wird es keine Strömung in der gefesselten Flut geben; eingeschlossen vom Eis werden die Schiffe wie in Marmor stehen, und kein Ruder wird das erstarrte Wasser spalten können. Ich sah Fische im Eis gebunden festhängen, und ein Teil von ihnen war auch da noch lebendig.

Ob nun die wilde Kraft des übergewaltigen Boreas die Meereswogen oder die im Fluss reichlich strömenden Fluten gefrieren lässt, sofort brechen, wenn der Hister unter den trockenen Nordwinden zu einer Fläche geworden ist, auf schnellen Pferden barbarische Feinde über uns herein; Feinde, mächtig zu Pferde, verwüsten mit weithin fliegenden Pfeilen weit und breit das benachbarte Land. Ein Teil der Menschen flüchtet, und da niemand ihre Äcker schützt, wird ihre unbewachte Habe geraubt, die Habe eines kleinen Landgutes, Vieh und quietschende Karren, und die Schätze, die ein armer Siedler hat. Ein anderer Teil von ihnen wird gefangen, die Arme auf dem Rücken gefesselt, weggeführt, wobei sie vergeblich auf ihre Landgüter und ihr Haus zurückblicken; ein weiterer Teil von ihnen fällt, elend von Pfeilen mit Widerhaken durchbohrt; denn an der geflügelten Eisenspitze befindet sich Gift, in das sie getaucht wurde. Was die Feinde nicht mit sich forttragen oder wegschleppen können, vernichten sie, und die feindliche Flamme verbrennt unschuldige Hütten.

Auch dann, wenn Frieden herrscht, ist man aus Angst vor Krieg in großer Unruhe, und niemand drückt die Pflugschar in den Boden und zieht Furchen. Dieses Gebiet sieht entweder die Feinde oder hat Angst vor denen, die es nicht

non hic pampinea dulcis latet uva sub umbra,
nec cumulant altos fervida musta lacus.
poma negat regio, nec haberet Acontius, in quo
scriberet hic dominae verba legenda suae.
aspicere est nudos sine fronde, sine arbore, campos:
heu loca felici non adeunda viro!
ergo, tam late pateat cum maximus orbis,
haec est in poenam terra reperta meam.

4,1

Siqua meis fuerint, ut erunt, vitiosa libellis,
excusata suo tempore, lector, habe:
exul eram, requiesque mihi, non fama petita est,
mens intenta suis ne foret usque malis.
hoc est, cur cantet vinctus quoque compede fossor,
indocili numero cum grave mollit opus,
cantet et innitens limosae pronus harenae,
adverso tardam qui trahit amne ratem,
quique refert pariter lentos ad pectora remos,
in numerum pulsa brachia iactat aqua.
fessus ubi incubuit baculo saxove resedit
pastor, harundineo carmine mulcet oves.
cantantis pariter, pariter data pensa trahentis,
fallitur ancillae decipiturque labor.

sieht; [70] das Land ist verlassen und liegt ertraglos brach in starrer Verkommenheit. Hier verbergen sich keine süßen Trauben im Schatten des Weinlaubs, und kein schäumender Most füllt hohe Kufen. Das Land verweigert Äpfel, und Akontius hätte hier keinen, auf den er die Worte schreiben könnte, die seine Geliebte lesen soll. [75] Zu sehen gibt es kahle Felder ohne Laub, ohne Bäume: Wehe, ein Gebiet, das ein glücklicher Mann nicht betreten darf.

Also: Obgleich der riesige Erdkreis sich so weithin erstreckt, ist dies das Land, das man für meine Bestrafung gefunden hat.

Buch 4, Elegie 1

Wenn in meinen Büchlein irgendwelche Fehler stecken sollten – und das wird so sein –, sieh diese durch die Zeit, in der sie entstanden, als entschuldigt an, Leser: Ich war verbannt und strebte nach Ruhe, nicht nach Ruhm, damit mein Geist nicht fortwährend auf sein Leid konzentriert sei.

[5] Das ist es, warum auch der singt, der, mit Fußketten gefesselt, Erde aufgräbt, wenn er mit einer kunstlosen Melodie seine schwere Tätigkeit erleichtert, und warum der singt, der sich vornüber gebeugt auf den schlammigen Sand stemmt und gegen den Strom ein langsames Schiff zieht, und der, welcher gleichmäßig die starren Ruder an die Brust zieht [10] und bei den Ruderschlägen im Takt die Arme bewegt. Wenn sich müde auf seinen Stab stützt oder auf einem Stein sitzt der Hirte, beruhigt er mit einem Lied auf der Flöte seine Schafe. Während sie zugleich singt und zugleich das ihr aufgetragene Wollpensum spinnt, täuscht

fertur et abducta Lyrneside tristis Achilles
Haemonia curas attenuasse lyra.
cum traheret silvas Orpheus et dura canendo
saxa, bis amissa coniuge maestus erat.
me quoque Musa levat Ponti loca iussa petentem:
sola comes nostrae perstitit illa fugae;
sola nec insidias, nec Sinti militis ensem
nec mare nec ventos barbariamque timet.
scit quoque, cum perii, quis me deceperit error,
et culpam in facto, non scelus, esse meo,
scilicet hoc ipso nunc aequa, quod obfuit ante,
cum mecum iuncti criminis acta rea est.
non equidem vellem, quoniam nocitura fuerunt,
Pieridum sacris inposuisse manum.
sed nunc quid faciam? vis me tenet ipsa sororum,
et carmen demens carmine laesus amo.
sic nova Dulichio lotos gustata palato
ipso, quo nocuit, grata sapore fuit.
sentit amans sua damna fere, tamen haeret in illis,
materiam curae persequiturque suae.
nos quoque delectant, quamvis nocuere, libelli,
quodque mihi telum vulnera fecit, amo.
forsitan hoc studium possit furor esse videri,
sed quiddam furor hic utilitatis habet:

sich die Magd über ihre Mühe hinweg und lenkt sich ab. Es heißt, auch Achill habe, betrübt darüber, dass Brisëis von ihm weggeführt worden war, seinen Liebeskummer mit der hämonischen Lyra erleichtert. Als Orpheus Wälder und harte Felsen mit seinem Gesang hinter sich her zog, war er traurig, weil er seine Frau zweimal verloren hatte.

Auch mich hat die Muse aufgerichtet, als ich mich, wie befohlen, in die Gegend am Pontus begab: Sie allein harrte als Begleiterin auf meiner Fahrt ins Exil aus; sie allein fürchtet keinen Hinterhalt, nicht das Schwert des sintischen Kriegers, nicht das Meer, nicht die Winde und nicht die Barbarei. Sie weiß auch, welcher Irrtum mich täuschte, als ich zugrunde ging, und dass zwar Schuld, aber kein Verbrechen mit meiner Tat verbunden war, mir offenkundig gerade deshalb jetzt gewogen, weil sie mir früher, als sie zusammen mit mir wegen eines gemeinsamen Verbrechens angeklagt war, Schaden brachte.

Ich freilich wünschte, ich hätte meine Hände nicht mit der geweihten Stätte der Pïeriden in Berührung gebracht, weil es mir schaden sollte. Doch was soll ich jetzt tun? Gerade die Macht der Schwestern hält mich fest, und obwohl ich von der Dichtung verletzt wurde, liebe ich Wahnwitziger die Dichtung. So war die neuartige Lotusfrucht für den dulichischen Gaumen, als er davon gekostet hatte, gerade durch den Geschmack, mit dem sie schadete, angenehm. Der Liebende spürt in der Regel sein Verderben, klammert sich aber doch daran fest und verharrt bei dem, was Anlass zu seinem Liebesschmerz gab. Auch mich erfreuen meine Büchlein, obwohl sie mir schadeten, und ich liebe das Geschoss, das mir Wunden brachte.

Vielleicht konnte es scheinen, diese Passion sei Wahn-

semper in obtutu mentem vetat esse malorum,
praesentis casus immemoremque facit.
utque suum Bacche non sentit saucia vulnus,
dum stupet Edonis exululata modis,
sic ubi mota calent viridi mea pectora thyrso,
altior humano spiritus ille malo est:
ille nec exilium, Scythici nec frigora Ponti,
ille nec iratos sentit habere deos;
utque soporiferae biberem si pocula Lethes,
temporis adversi sic mihi sensus hebet.
iure deas igitur veneror mala nostra levantes,
sollicitae comites ex Helicone fugae,
et partim pelago, partim vestigia terra
vel rate dignatas vel pede nostra sequi.
sint, precor, hae saltem faciles mihi! namque deorum
cetera cum magno Caesare turba facit,
meque tot adversis cumulant, quot litus harenas,
quotque fretum pisces, ovaque piscis habet.
vere prius flores, aestu numerabis aristas,
poma per autumnum frigoribusque nives,
quam mala, quae toto patior iactatus in orbe,
dum miser Euxini litora laeva peto.
nec tamen, ut veni, levior fortuna malorum est:
huc quoque sunt nostras fata secuta vias;
hic quoque cognosco natalis stamina nostri,
stamina de nigro vellere tracta mihi.

sinn, aber auch dieser Wahnsinn hat etwas Nützliches. Er verbietet, dass mein Geist immer bei der Betrachtung meines Leides bleibt, und macht, dass ich mich an mein gegenwärtiges Unheil nicht erinnere. Wie die verletzte Bacchantin ihre Wunde nicht spürt, wenn sie in edonischen Melodien aufheult und dann erstarrt, so ist dieser Enthusiasmus, sobald meine Brust vom grünen Thyrsus erregt und erhitzt worden ist, erhabener als menschliches Leid. Er spürt nicht die Verbannung, nicht die Kälte des skythischen Pontus, nicht, dass er es mit Göttern zu tun hat, die er in Zorn versetzte; und wie wenn ich Becher der schlafbringenden Lethe tränke, so ist mein Sinn unempfindlich gegenüber meiner widrigen Lage. Mit Recht also verehre ich die Göttinnen, die mein Leid lindern, sie, die vom Helikon herab meine angsterfüllte Fahrt ins Exil begleiteten und die mich für wert hielten, teils auf dem Meer, teils auf dem Land, entweder auf dem Schiff oder zu Fuß meinen Spuren zu folgen.

Mögen wenigstens sie – darum bitte ich – mir gewogen sein! Denn die übrige Schar der Götter hält zum großen Caesar, und mich überhäufen sie mit so vielen Widrigkeiten, wie der Strand Sandkörner, wie die Meeresflut Fische und der Fisch Eier hat. Im Frühling wirst du eher die Blumen zählen, im Sommer die Ähren, im Herbst die Früchte und im Winter die Schneeflocken als die Leiden, die ich, auf dem ganzen Erdkreis hin und her geworfen, ertragen musste, während ich Unglückseliger zur Küste auf der linken Seite des Euxinus fuhr.

Doch seit ich angekommen bin, ist mein Schicksal, das mir Leid bringt, nicht leichter: Auch hierher ist das Verhängnis meinen Wegen gefolgt; auch hier erkenne ich die

utque nec insidias capitisque pericula narrem,
vera quidem, veri sed graviora fide,
vivere quam miserum est inter Bessosque Getasque
illum, qui populi semper in ore fuit!
quam miserum est, porta vitam muroque tueri,
vixque sui tutum viribus esse loci!
aspera militiae iuvenis certamina fugi,
nec nisi lusura movimus arma manu;
nunc senior gladioque latus scutoque sinistram,
canitiem galeae subicioque meam.
nam dedit e specula custos ubi signa tumultus,
induimus trepida protinus arma manu.
hostis habens arcus imbutaque tela venenis,
saevus anhelanti moenia lustrat equo;
utque rapax pecudem, quae se non texit ovili,
per sata, per silvas fertque trahitque lupus,
sic, siquem nondum portarum saepe receptum
barbarus in campis repperit hostis, habet:
aut sequitur captus coniectaque vincula collo
accipit, aut telo virus habente perit.
hic ego sollicitae iaceo novus incola sedis:
heu nimium fati tempora longa mei!
et tamen ad numeros antiquaque sacra reverti
sustinet in tantis hospita Musa malis.

Fäden meiner Geburt, Fäden, die für mich aus schwarzer Wolle gesponnen sind. Und um nicht von den Nachstellungen und den Gefahren für mein Leben zu erzählen – das alles wäre zwar die Wahrheit, aber schlimmer, als dass man glauben kann, es sei die Wahrheit –, sage ich nur: Unter Bessen und Geten zu leben, was für ein Elend ist das für den, der stets im Munde des Volkes war! Was für ein Elend ist es, durch Tore und Mauern das Leben zu schützen und kaum durch die örtliche Streitmacht geschützt zu sein! Harte militärische Kämpfe mied ich als junger Mann, und nur um damit zu spielen, bewegte ich Waffen mit der Hand; jetzt, als älterer Mann, habe ich ein Schwert an der Seite und einen Schild in der Linken und drücke mein graues Haar unter einen Helm. Denn wenn vom Aussichtsturm der Wächter das Zeichen gegeben hat, dass ein feindlicher Angriff bevorsteht, lege ich sofort mit ängstlich bebender Hand die Waffen an. Wilde Feinde mit Bogen und Pfeilen, die mit Gift getränkt sind, kreisen auf schnaubenden Pferden um die Mauer; wie der reißende Wolf das Schaf, das sich nicht im Schafstall verborgen hat, durch Felder und Wälder trägt und schleppt, so hält der barbarische Feind jeden fest, der sich noch nicht in den Schutz der Tore zurückgezogen hat und den er auf den Feldern entdeckt hat: Entweder muss der ihm als Gefangener folgen und die Fesseln erdulden, die ihm um den Hals geworfen werden, oder er stirbt an einem Giftpfeil.

Hier lebe ich erniedrigt als neuer Bewohner eines angsterfüllten Ortes. Ach, allzu lang währt die Zeit meines Verhängnisses! Und dennoch nimmt es die Muse als mein Gast in so großem Leid auf sich, zu den Versmaßen und zum alten geheiligten Dienst zurückzukehren. Doch es gibt

sed neque, cui recitem, quisquam est, mea carmina, nec qui
    auribus accipiat verba Latina suis.
ipse mihi – quid enim faciam? – scriboque legoque,
    tutaque iudicio littera nostra meo est.
saepe mihi dixi 'cui nunc haec cura laborat?
    an mea Sauromatae scripta Getaeque legent?'
saepe etiam lacrimae me sunt scribente profusae,
    umidaque est fletu littera facta meo,
corque vetusta meum, tamquam nova, vulnera sentit,
    inque sinum maestae labitur imber aquae:
cum, vice mutata, qui sim fuerimque, recordor,
    et, tulerit quo me casus et unde, subit,
saepe manus demens, studiis irata malignis,
    misit in arsuros carmina nostra rogos.
atque ita, de multis quoniam non multa supersunt,
    cum venia facito, quisquis es, ista legas.
tu quoque non melius, quam sunt mea tempora, carmen,
    interdicta mihi, consule, Roma, boni.

4,10

Ille ego, qui fuerim, tenerorum lusor amorum,
    quem legis, ut noris, accipe posteritas.
Sulmo mihi patria est, gelidis uberrimus undis,
    milia qui novies distat ab urbe decem.
editus hic ego sum, nec non, ut tempora noris,
    cum cecidit fato consul uterque pari.

niemanden, dem ich meine Gedichte vortragen, keinen, der lateinische Worte mit seinen Ohren aufnehmen könnte. Für mich selbst – denn was soll ich tun? – schreibe und rezitiere ich, und abgesichert sind die Buchstaben durch mein eigenes Urteil. Oft habe ich zu mir gesagt: »Für wen müht sich jetzt diese Sorgfalt ab? Werden etwa Sarmaten und Geten meine Dichtungen lesen?« Oft auch flossen mir beim Schreiben die Tränen, nass wurden die Buchstaben von meinem Weinen, mein Herz fühlte die alten Wunden, als wären sie neu, und in meinen Gewandbausch floss eine Flut von traurigem Wasser. Wenn ich, nachdem mein Glück sich gewandelt hat, daran dachte, wer ich bin und wer ich war, und in mir aufstieg, wohin das Geschick mich getragen hat und woher, warf oft meine Hand, wahnsinnig in ihrem Zorn über die üblen Bemühungen, meine Gedichte zum Verbrennen auf den Holzstoß.

Und somit, weil von vielen nicht viele übrig sind, schau, dass du, wer immer du bist, mit Nachsicht diese hier liest. Auch du nimm mit einem Gedicht vorlieb, das nicht besser ist als die Zeit, in der ich lebe, du mir verbotene Roma.

Buch 4, Elegie 10

Wer ich war, ich, der spielfreudige Dichter von Geschichten über zarte Liebe, vernimm, damit du weißt, wen du liest, Nachwelt.

Sulmo ist meine Heimat, sehr reich an kühlen Gewässern; es ist neun mal zehn Meilen von der Stadt entfernt. Hier bin ich geboren, und zwar, damit du den Zeitpunkt weißt, als beide Konsuln durch das gleiche Schicksal fielen.

siquid id est, usque a proavis vetus ordinis heres,
non modo fortunae munere factus eques.
nec stirps prima fui: genito sum fratre creatus,
qui tribus ante quater mensibus ortus erat.
Lucifer amborum natalibus adfuit idem:
una celebrata est per duo liba dies;
haec est armiferae festis de quinque Minervae,
quae fieri pugna prima cruenta solet.
protinus excolimur teneri, curaque parentis
imus ad insignes urbis ab arte viros.
frater ad eloquium viridi tendebat ab aevo,
fortia verbosi natus ad arma fori;
at mihi iam puero caelestia sacra placebant,
inque suum furtim Musa trahebat opus.
saepe pater dixit: ‘studium quid inutile temptas?
Maeonides nullas ipse reliquit opes.’
motus eram dictis, totoque Helicone relicto
scribere temptabam verba soluta modis:
sponte sua numeros carmen veniebat ad aptos,
et quod temptabam scribere versus erat.
interea tacito passu labentibus annis
liberior fratri sumpta mihique toga est,
induiturque umeris cum lato purpura clavo:
at studium nobis, quod fuit ante, manet.
iamque decem vitae frater geminaverat annos,
cum perit, et coepi parte carere mei.

Ich bin, wenn das etwas bedeutet, von den Urahnen her nach altem Recht Erbe eines Standes, zum Ritter nicht erst vor kurzem durch ein Geschenk des Glücks geworden. Nicht das erste Kind war ich: Als ich gezeugt wurde, war schon mein Bruder geboren, der viermal drei Monate vor mir zur Welt gekommen war. Derselbe Morgenstern war bei der Geburt beider zugegen: *Ein* Tag wurde mit zwei Kuchen gefeiert; dies ist von den fünf Festtagen der waffentragenden Minerva derjenige, der als erster durch Kämpfe blutig zu werden pflegt.

Schon als zarte Knaben wurden wir sofort ausgebildet, und dank der Fürsorge unseres Vaters gingen wir zu Männern, die in der Hauptstadt durch ihre Fähigkeiten hervorstachen. Mein Bruder strebte vom blühenden Jugendalter an zur Rhetorik, da er für die starken Waffen des wortreichen Forums geboren war; doch mir gefielen schon als Kind die himmlischen Weihen, und heimlich zog die Muse mich hin zu ihrem Tun. Oft sagte mein Vater: »Warum versuchst du dich in einer nutzlosen Tätigkeit? Selbst der Mäonide hinterließ keine Reichtümer.« Ich war bewegt von seinen Worten, ließ den ganzen Helikon hinter mir zurück und versuchte, vom Versmaß befreite Worte zu schreiben: Von selbst kam das Gedicht zu den passenden Metren, und was ich zu schreiben versuchte, wurde zum Vers.

Inzwischen glitten mit lautlosem Schritt die Jahre dahin, mein Bruder und ich bekamen die Toga der Freigeborenen, und das Gewand mit dem breiten Purpurstreifen wurde uns um die Schultern gelegt; doch unsere Tätigkeit blieb die, die sie vorher gewesen war. Und schon hatte mein Bruder zehn Lebensjahre verdoppelt, als er starb, und

cepimus et tenerae primos aetatis honores,
eque viris quondam pars tribus una fui.
curia restabat; clavi mensura coacta est:
maius erat nostris viribus illud onus.
nec patiens corpus, nec mens fuit apta labori,
sollicitaeque fugax ambitionis eram,
et petere Aoniae suadebant tuta sorores
otia, iudicio semper amata meo.
temporis illius colui fovique poetas,
quotque aderant vates, rebar adesse deos.
saepe suas volucres legit mihi grandior aevo,
quaeque nocet serpens, quae iuvat herba, Macer.
saepe suos solitus recitare Propertius ignes,
iure sodalicii qui mihi iunctus erat.
Ponticus heroo, Bassus quoque clarus iambis
dulcia convictus membra fuere mei.
et tenuit nostras numerosus Horatius aures,
dum ferit Ausonia carmina culta lyra.
Vergilium vidi tantum, nec avara Tibullo
tempus amicitiae fata dedere meae.
successor fuit hic tibi, Galle, Propertius illi;
quartus ab his serie temporis ipse fui.
utque ego maiores, sic me coluere minores,
notaque non tarde facta Thalia mea est.
carmina cum primum populo iuvenalia legi,
barba resecta mihi bisve semelve fuit.
moverat ingenium totam cantata per urbem
nomine non vero dicta Corinna mihi.

ich begann einen Teil meiner selbst zu vermissen. Ich bekam die ersten Ämter des zarten Alters übertragen und war einst Teil eines Triumvirats. [35] Es blieb die Kurie; doch mein Streifen wurde schmaler gemacht: Zu groß war diese Bürde für meine Kräfte. Weder war mein Körper ausdauernd genug noch mein Geist den Strapazen gewachsen, ich entzog mich der mit Unruhe verbundenen Bewerbung um ein Amt, und die aonischen Schwestern rieten mir, nach ungestörter [40] Muße zu streben, die ich meinem eigenen Urteil nach immer geliebt hatte.

Die Dichter jener Zeit verehrte und bewunderte ich, und so viele Sänger da waren, so viele Götter, glaubte ich, seien da. Oft las mir Macer, älter als ich, von seinen Vögeln vor, davon, welche Schlange schadet, und davon, welches Kraut hilft. [45] Oft rezitierte mir entsprechend seiner Gewohnheit Properz, der mit mir nach dem Gesetz der Freundschaft verbunden war, seine Liebesglut. Ponticus, durch heroische Dichtung, auch Bassus, durch Jamben berühmt, waren liebe Mitglieder meines Freundeskreises. Und mit seinem Reichtum an Metren hielt Horaz unsere Ohren in Bann, [50] während er zu fein ausgearbeiteten Liedern die ausonische Lyra schlug. Vergil bekam ich nur zu sehen, und der gierige Tod gewährte Tibull keine Zeit für Freundschaft mit mir. Er war dein Nachfolger, Gallus, Properz dann seiner; der Vierte nach ihnen in zeitlicher Abfolge war ich selbst. [55] Wie ich die älteren Kollegen, so verehrten mich die jüngeren, und meine Thalia wurde nicht erst spät bekannt. Als ich erstmals öffentlich meine Jugendgedichte vorlas, war mir der Bart erst zwei- oder dreimal gestutzt worden. Geweckt hatte mein Talent sie, die über die ganze Stadt hin besungen [60] und von mir (nicht mit ihrem richtigen Namen)

multa quidem scripsi, sed quae vitiosa putavi,
emendaturis ignibus ipse dedi.
tum quoque, cum fugerem, quaedam placitura cremavi
iratus studio carminibusque meis.
molle Cupidineis nec inexpugnabile telis
cor mihi, quodque levis causa moveret, erat.
cum tamen hic essem minimoque accenderer igni,
nomine sub nostro fabula nulla fuit.
paene mihi puero nec digna nec utilis uxor
est data, quae tempus per breve nupta fuit.
illi successit, quamvis sine crimine coniunx,
non tamen in nostro firma futura toro.
ultima, quae mecum seros permansit in annos,
sustinuit coniunx exulis esse viri.
filia me mea bis prima fecunda iuventa,
sed non ex uno coniuge, fecit avum.
et iam complerat genitor sua fata novemque
addiderat lustris altera lustra novem.
non aliter flevi, quam me fleturus adempto
ille fuit; matri proxima iusta tuli.
felices ambo tempestiveque sepultos,
ante diem poenae quod periere meae!
me quoque felicem, quod non viventibus illis
sum miser, et de me quod doluere nihil!
si tamen extinctis aliquid nisi nomina restat,
et gracilis structos effugit umbra rogos,

Corinna genannt wurde. Zwar schrieb ich viel, aber was mir fehlerhaft erschien, übergab ich selbst zur Verbesserung den Flammen. Auch dann, als ich ins Exil fuhr, habe ich im Zorn über meine Liebhaberei und meine Gedichte manches, was Gefallen gefunden hätte, verbrannt.

Mein Herz war weich und für Cupidos Pfeile nicht uneinnehmbar, und es war von der Art, dass ein geringer Anlass es erregen konnte. Doch obwohl ich so war und von der kleinsten Flamme entfacht werden konnte, gab es keine mit meinem Namen verbundenen Geschichten. Als ich fast noch ein Kind war, wurde mir eine weder meiner würdige noch zu etwas nützliche Gattin gegeben, die nur eine kurze Zeit lang mit mir verheiratet war. Ihr folgte eine Ehefrau, die, obwohl man ihr nichts zum Vorwurf machen konnte, dennoch in meinem Bett keinen festen Platz haben sollte. Die letzte, die bis in meine späten Jahre bei mir blieb, nahm es auf sich, die Frau eines Verbannten zu sein. Meine Tochter, die zweimal in ihrer frühen Jugend schwanger war, aber nicht von ein und demselben Mann, machte mich zum Großvater.

Und schon hatte mein Vater sein Schicksal erfüllt und neun Lustren neun weiteren Lustren hinzugefügt. Ich beweinte ihn nicht anders, als er mich beweint hätte, wenn ich ihm genommen worden wäre; meiner Mutter erwies ich kurz darauf die letzte Ehre. Glücklich beide und zur rechten Zeit begraben, weil sie vor dem Tag meiner Bestrafung gestorben sind! Glücklich auch ich, dass ich nicht zu ihren Lebzeiten im Elend bin und dass sie in keiner Weise meinetwegen betrübt sein mussten! Wenn aber von den Verblichenen etwas mehr als der Name bleibt und ein feiner Schatten dem aufgeschichteten Holzstoß entflieht,

fama, parentales, si vos mea contigit, umbrae,
et sunt in Stygio crimina nostra foro,
scite, precor, causam – nec vos mihi fallere fas est –
errorem iussae, non scelus, esse fugae.
Manibus hoc satis est: ad vos, studiosa, revertor,
pectora, qui vitae quaeritis acta meae.
iam mihi canities pulsis melioribus annis
venerat, antiquas miscueratque comas,
postque meos ortus Pisaea vinctus oliva
abstulerat deciens praemia victor equus,
cum maris Euxini positos ad laeva Tomitas
quaerere me laesi principis ira iubet.
causa meae cunctis nimirum nota ruinae
indicio non est testificanda meo.
quid referam comitumque nefas famulosque nocentes?
ipsa multa tuli non leviora fuga.
indignata malis mens est succumbere, seque
praestitit invictam viribus usa suis;
oblitusque mei ductaeque per otia vitae
insolita cepi temporis arma manu;
totque tuli terra casus pelagoque quot inter
occultum stellae conspicuumque polum.
tacta mihi tandem longis erroribus acto
iuncta pharetratis Sarmatis ora Getis.
hic ego, finitimis quamvis circumsoner armis,
tristia, quo possum, carmine fata levo.

wenn Kunde von mir euch erreicht, Schatten meiner Eltern, und man von meiner Schuld auf dem stygischen Forum spricht, bitte, so wisst – und euch zu täuschen wäre mir nicht erlaubt –, dass der Grund für das mir befohlene Exil ein Irrtum war, kein Verbrechen.

Dies ist für die Manen genug; zu euch, ihr an Poesie interessierten Seelen, kehre ich zurück, die ihr nach den Ereignissen meines Lebens fragt. Schon waren, als meine besseren Jahre verstrichen waren, mir graue Haare gekommen und hatten sich in die früheren gemischt, und seit meiner Geburt hatte ein siegreiches Pferd, bekränzt mit dem pisäischen Ölzweig, zehnmal den Preis davongetragen, als mir der Zorn des gekränkten Princeps befahl, die zur Linken des Euxinus-Meers wohnenden Tomiten aufzusuchen. Der Grund für mein Verderben ist allen natürlich bekannt und muss nicht durch meine Aussage bezeugt werden. Was soll ich vom Frevel meiner Begleiter und von meinen ruchlosen Sklaven berichten? Ich musste viel ertragen, was nicht leichter war als die Verbannung selbst. Mein Geist hielt es für unwürdig, seinem Leid zu erliegen, nutzte seine Kräfte und zeigte sich unbesiegt; ich vergaß mich selbst und mein in Muße verbrachtes Leben und ergriff mit ungewohnter Hand die Waffen, welche die Lage erforderte; und ich ertrug so viel Unheil auf Land und Meer, wie es zwischen dem verborgenen und dem sichtbaren Pol Sterne gibt. Nachdem ich auf langer Irrfahrt umhergetrieben worden war, betrat ich endlich die sarmatische Küste, die an das Gebiet der köchertragenden Geten grenzt. Hier erleichtere ich, obwohl ich von den Waffen der Nachbarvölker umklirrt bin, meine traurige Lage mit Gedichten, mit denen ich das allein kann. Obgleich niemand

quod quamvis nemo est, cuius referatur ad aures,
sic tamen absumo decipioque diem.
ergo quod vivo durisque laboribus obsto,
nec me sollicitae taedia lucis habent,
gratia, Musa, tibi: nam tu solacia praebes,
tu curae requies, tu medicina mali;
tu dux et comes es, tu nos abducis ab Histro,
in medioque mihi das Helicone locum;
tu mihi, quod rarum est, vivo sublime dedisti
nomen, ab exequiis quod dare fama solet.
nec, qui detrectat praesentia, Livor iniquo
ullum de nostris dente momordit opus.
nam tulerint magnos cum saecula nostra poetas,
non fuit ingenio fama maligna meo,
cumque ego praeponam multos mihi, non minor illis
dicor et in toto plurimus orbe legor.
siquid habent igitur vatum praesagia veri,
protinus ut moriar, non ero, terra, tuus.
sive favore tuli, sive hanc ego carmine famam,
iure tibi grates, candide lector, ago.

5,7

Quam legis, ex illa tibi venit epistula terra,
latus ubi aequoreis additur Hister aquis.
si tibi contingit cum dulci vita salute,
candida fortunae pars manet una meae.

da ist, dessen Ohren ich sie vortragen könnte, vertreibe ich dennoch so die Zeit und betrüge sie.

Also, dass ich noch lebe und den harten Strapazen Widerstand leiste und mich kein Überdruss an dem beunruhigenden Tageslicht erfasst, verdanke ich dir, Muse: Denn du gewährst Trost, du bist Erholung von Sorge, du Heilmittel für mein Leid; du bist meine Führerin und Begleiterin, du führst mich weg vom Hister, du gibst mir mitten auf dem Helikon eine Stätte; du hast mir, was selten ist, schon zu meinen Lebzeiten einen herausragenden Namen gegeben, wie ihn der Ruhm gewöhnlich erst nach der Bestattung verleiht. Auch hat der Neid, der herabsetzt, was in der Gegenwart getan wird, keines meiner Werke mit gehässigem Zahn benagt. Denn obwohl unser Jahrhundert große Dichter hervorgebracht hat, war der Ruhm nicht boshaft gegenüber meinem Talent, und obwohl ich viele über mich stelle, gelte ich nicht als geringer als sie, und ich werde sehr viel auf der ganzen Welt gelesen. Wenn also die Voraussagen der Seher etwas Wahres haben, werde ich, auch wenn ich sogleich sterben müsste, nicht dir gehören, Erde. Ob ich diesen Ruhm aufgrund von Gunst, ob ich ihn aufgrund meiner Dichtung davongetragen habe – es ist nur recht und billig, dass ich dir, aufrichtiger Leser, meinen Dank abstatte.

Buch 5, Elegie 7

Der Brief, den du liest, kommt zu dir aus jenem Land, wo der breite Hister sich den Meeresfluten hinzugesellt. Wenn dir ein Leben in angenehmer Gesundheit vergönnt ist, bleibt ein einziger Bereich meines Schicksals strahlend hell.

scilicet, ut semper, quid agam, carissime, quaeris,
quamvis hoc vel me scire tacente potes.
sum miser: haec brevis est nostrorum summa malorum;
quisquis et offenso Caesare vivit, erit.
turba Tomitanae quae sit regionis et inter
quos habitem mores, discere cura tibi est?
mixta sit haec quamvis inter Graiosque Getasque,
a male pacatis plus trahit ora Getis:
Sarmaticae maior Geticaeque frequentia gentis
per medias in equis itque reditque vias.
in quibus est nemo, qui non coryton et arcum
telaque vipereo lurida felle gerat.
vox fera, trux vultus, verissima mentis imago;
non coma, non ulla barba resecta manu,
dextera non segnis fixo dare vulnera cultro,
quem vinctum lateri barbarus omnis habet.
vivit in his, eheu! tenerorum oblitus amorum,
hos videt, hos vates audit, amice, tuus.
atque utinam vivat non et moriatur in illis,
absit ab invisis ut tamen umbra locis!
carmina quod pleno saltari nostra theatro,
versibus et plaudi scribis, amice, meis:
nil equidem feci – tu scis hoc ipse – theatris,
Musa nec in plausus ambitiosa mea est;
non tamen ingratum est, quodcumque oblivia nostri
impedit et profugi nomen in ora refert.

Natürlich fragst du, mein Liebster, wie immer, wie es mir geht, obwohl du das auch wissen kannst, wenn ich darüber schweige. Ich bin elend: Das ist in Kürze die Summe meiner Leiden, und jeder, der noch lebt, nachdem er Caesar gekränkt hat, wird es sein.

Dir liegt daran zu erfahren, welches die Bevölkerung des tomitanischen Gebietes ist und welches die Sitten sind, von denen umgeben ich wohne? Obwohl sie aus Grajern und Geten gemischt ist, bezieht sie ihr Erscheinungsbild mehr von den nicht richtig befriedeten Geten: Eine größere Anzahl von Männern des sarmatischen und getischen Stammes reitet auf Pferden mitten auf den Straßen hin und her. Unter ihnen gibt es keinen, der nicht Köcher, Bogen und von Schlangengift gelbliche Pfeile trägt. Wild ist die Stimme, grimmig die Miene, ein sehr wahres Abbild der Gesinnung; nicht ist das Haar, nicht der Bart von irgendeiner Hand gestutzt. Die Rechte ist nicht träge darin, mit einem Messer, das jeder Barbar an seine Seite gebunden hat, jemanden zu durchbohren und ihm Wunden zu bereiten. Unter diesen Leuten lebt, o weh! er, der zarte Liebe vergessen hat; diese sieht, diese hört dein Sänger, mein Freund. Wenn er doch unter ihnen nur leben, nicht auch sterben müsste, damit wenigstens sein Schatten fern wäre von der verhassten Gegend!

Was das betrifft, dass du schreibst, meine Gedichte würden in einem vollbesetzten Theater pantomimisch dargestellt und man applaudiere meinen Versen, mein Freund, so sage ich: Ich für mein Teil habe – du weißt das selbst – nichts für Theateraufführungen verfasst; meine Muse ist nicht ehrgeizig auf Applaus aus; dennoch ist mir all das nicht unwillkommen, was verhindert, dass

quamvis interdum, quae me laesisse recordor,
carmina devoveo Pieridasque meas,
cum bene devovi, nequeo tamen esse sine illis
vulneribusque meis tela cruenta sequor,
quaeque modo Euboicis lacerata est fluctibus, audet
Graia Capherea currere puppis aqua.
nec tamen, ut lauder, vigilo curamque futuri
nominis, utilius quod latuisset, ago:
detineo studiis animum falloque dolores,
experior curis et dare verba meis.
quid potius faciam desertis solus in oris,
quamve malis aliam quaerere coner opem?
sive locum specto, locus est inamabilis, et quo
esse nihil toto tristius orbe potest,
sive homines, vix sunt homines hoc nomine digni,
quamque lupi, saevae plus feritatis habent.
non metuunt leges, sed cedit viribus aequum,
victaque pugnaci iura sub ense iacent.
pellibus et laxis arcent male frigora bracis,
oraque sunt longis horrida tecta comis.
in paucis extant Graiae vestigia linguae,
haec quoque iam Getico barbara facta sono.

man mich vergisst und den Namen des Verbannten den Leuten wieder auf die Lippen bringt. Mag ich auch zuweilen die Dichtung, die, wie ich noch gut weiß, mir Schaden brachte, und meine Pieriden verwünschen, kann ich, nachdem ich sie ordentlich verwünscht habe, dennoch nicht ohne sie sein, und mitsamt meinen Wunden folge ich den blutigen Waffen, und ein grajisches Schiff, das eben noch in den euböischen Fluten zertrümmert wurde, wagt es, in den kaphereïschen Gewässern dahinzueilen. Und dennoch durchwache ich die Nächte nicht, um gerühmt zu werden, und betreibe keine Pflege meines künftigen Namens, der zu meinem größeren Nutzen im Verborgenen geblieben wäre: Ich beschäftige durch poetische Bemühungen meinen Geist, tu so, als fühlte ich Schmerzen nicht, und versuche, meinen Kummer zu betrügen.

Was soll ich denn Besseres tun, allein in einer öden Gegend? Oder welche andere Hilfe für meine Leiden soll ich zu finden versuchen? Sei es, dass ich den Ort betrachte – es ist ein unliebenswürdiger Ort, und es kann nichts Düstereres geben auf dem ganzen Erdkreis –, sei es die Menschen – es sind kaum Menschen, die diesen Namen verdienen, und sie sind grausamer und wilder als Wölfe. Sie fürchten nicht die Gesetze, sondern Gerechtigkeit weicht der Gewalt, und besiegt unter kampflustigem Schwert liegen die Rechtssatzungen. Mit Fellen und locker an den Beinen hängenden Hosen wehren sie nur schlecht die Kälte ab, und ihre struppigen Gesichter sind von langen Haaren bedeckt. Bei wenigen sind Spuren der grajischen Sprache vorhanden, auch diese ist schon durch den getischen Klang barbarisch geworden. Kein einziger ist in diesem

unus in hoc nemo est populo, qui forte Latine
quamlibet e medio reddere verba queat.
ille ego Romanus vates – ignoscite, Musae! –
Sarmatico cogor plurima more loqui.
et pudet et fateor: iam desuetudine longa
vix subeunt ipsi verba Latina mihi!
nec dubito, quin sint et in hoc non pauca libello
barbara: non hominis culpa, sed ista loci.
ne tamen Ausoniae perdam commercia linguae,
et fiat patrio vox mea muta sono,
ipse loquor mecum desuetaque verba retracto,
et studii repeto signa sinistra mei.
sic animum tempusque traho, mentemque reduco
a contemplatu submoveoque mali.
carminibus quaero miserarum oblivia rerum:
praemia si studio consequar ista, sat est.

Volk, der vielleicht auf Lateinisch auch nur alltägliche Wörter wiedergeben könnte.

[55] Ich, der römische Sänger – verzeiht mir, ihr Musen! –, bin gezwungen, sehr viel auf sarmatische Art zu sagen. Ich schäme mich und bekenne: Infolge der langen Entwöhnung kommen bereits selbst mir kaum die lateinischen Wörter in Erinnerung! Ich zweifle nicht, dass sich auch in diesem Büchlein nicht wenig [60] Barbarisches findet: Nicht die Schuld des Menschen ist das, sondern die des Ortes. Damit ich dennoch nicht den Kontakt mit der ausonischen Sprache verliere und meine Stimme nicht für den heimischen Klang verstummt, spreche ich mit mir selbst, gebrauche wieder der Gewohnheit entfremdete Wörter und strebe wieder zu den unheilvollen Feldzeichen meines poetischen Bemühens. [65] So bringe ich mein Leben und meine Zeit hin und lenke meinen Geist von der Betrachtung meines Leids zurück und entferne ihn davon. Durch die Dichtung suche ich Vergessen meiner elenden Lage: Wenn ich diesen Lohn durch mein poetisches Bemühen erreiche, ist es genug.

Aus

Epistulae ex Ponto
Briefe vom Schwarzen Meer

1,8

A tibi dilecto missam Nasone salutem
accipe, pars animae magna, Severe, meae.
neve roga, quid agam. si persequar omnia, flebis;
summa, sat est, nostri si tibi nota mali.
vivimus adsiduis expertes pacis in armis
dura pharetrato bella movente Geta.
deque tot expulsis sum miles in exule solus:
tuta – neque invideo – cetera turba latet.
quoque magis nostros venia dignere libellos,
haec in procinctu carmina facta leges.
stat vetus urbs, ripae vicina binominis Histri,
moenibus et positu vix adeunda loci.
Caspius Aegisos, de se si credimus ipsis,
condidit et proprio nomine dixit opus.
hanc ferus Odrysiis inopino Marte peremptis
cepit et in regem sustulit arma Getes.
ille memor magni generis, virtute quod auget,
protinus innumero milite cinctus adest.
nec prius abscessit, merita quam caede nocentum
audaces animos contuderat populi.
at tibi, rex, aevo detur, fortissime, nostro
semper honorata sceptra tenere manu;
teque, quod et praestat – quid enim tibi plenius optem? –
Martia cum magno Caesare Roma probet.

Buch 1, Elegie 8

Von dem von dir geliebten Naso empfange einen Gruß, den er dir schickt, Severus, du großer Teil meiner Seele! Und frage nicht, wie es mir geht. Wenn ich alles aufzähle, wirst du weinen; wenn dir das Wesentliche meines Leids bekannt ist, genügt das. Ich lebe mit dem ständigen Gebrauch von Waffen, ohne Frieden zu kennen, weil die köchertragenden Geten grausame Kriege entfachen. Und von so vielen Verbannten bin ich als Einziger Soldat und gleichzeitig Exulant: In Sicherheit – und ich missgönne ihr das nicht – lebt die übrige Schar im Verborgenen. Damit du meine Büchlein umso mehr der Nachsicht würdigst: Diese Verse sind in Kampfbereitschaft verfasst.

Es steht da eine alte Stadt nahe dem Ufer des doppelnamigen Hister, wegen der Mauern und der Lage des Ortes kaum angreifbar. Der Kaspier Aegisos hat sie, wenn wir den Einheimischen glauben, was sie über sich selbst sagen, gegründet und sein Werk nach dem eigenen Namen benannt. Diese eroberten die wilden Geten, nachdem sie die Odrysier in einem unerwarteten Krieg niedergemacht hatten, und sie erhoben ihre Waffen gegen den König. Er war, eingedenk seines großen Geschlechts, das er durch seine Mannhaftigkeit vermehrt, sofort da, umgeben von zahllosen Soldaten. Und er rückte nicht eher ab, als er durch ein verdientes Blutbad unter den Schuldigen den vermessenen Mut ihres Volkes gedämpft hatte. Doch dir, tapferster König in unserer Zeit, sei gegeben, immer in der ehrenwerten Hand das Szepter zu halten! Und dir möge, was in der Tat bedeutender ist – was könnte ich dir nämlich wünschen, das weniger zu wünschen übrig ließe? – die von

sed memor unde abii, queror, o iucunde sodalis,
accedant nostris saeva quod arma malis.
ut careo vobis Stygias detrusus in oras,
quattuor autumnos Pleias orta facit.
nec tu credideris urbanae commoda vitae
quaerere Nasonem (quaerit et illa tamen).
nam modo vos animo, dulces, reminiscor, amici
nunc mihi cum cara coniuge nata subit,
aque domo rursus pulchrae loca vertor ad urbis
cunctaque mens oculis pervidet illa suis:
nunc fora, nunc aedes, nunc marmore tecta theatra,
nunc subit aequata porticus omnis humo,
gramina nunc Campi pulchros spectantis in hortos
stagnaque et euripi Virgineusque liquor.
at, puto, sic urbis misero est erepta voluptas,
quolibet ut saltem rure frui liceat.
non meus amissos animus desiderat agros
ruraque Paeligno conspicienda solo,
nec quos piniferis positos in collibus hortos
spectat Flaminiae Clodia iuncta viae,
quos ego nesciocui colui, quibus ipse solebam
ad sata fontanas – nec pudet – addere aquas,
sunt ubi, si vivunt, nostra quoque consita quaedam,
sed non et nostra poma legenda manu.

Mars abstammende Roma zusammen mit dem großen Caesar Anerkennung zollen.

[25] Aber indem ich daran denke, wovon ich ausging, klage ich, du teurer Gefährte, weil zu meinen Leiden wilde Waffen hinzukommen. Seit ich euch entbehren muss, verstoßen in stygische Gegenden, hat der Aufgang der Plejaden vier Herbste gebracht. Und glaube ja nicht, [30] dass Naso die Vorteile des Lebens in der Stadt vermisst (er vermisst freilich auch sie). Denn bald erinnere ich mich an euch, ihr lieben Freunde, in meinem Herzen, dann wieder kommen mir meine Tochter und meine liebe Frau in den Sinn, und von meiner Familie wende ich mich wieder zu den Plätzen der schönen Stadt, und all das dort sieht mein Sinn genau mit seinen Augen: [35] Jetzt kommen mir die Foren in den Sinn, jetzt die Tempel, jetzt die mit Marmor bekleideten Theater, jetzt jede Säulenhalle mit dem geglätteten Erdboden, die Grasflächen des Campus, der auf die schönen Gärten blickt, der Teich, der Euripus und das Wasser der Jungfrau.

Doch es ist, glaube ich, nicht so, dass die Wonnen der Stadt mir in meinem Elend entrissen sind, [40] damit ich irgendwie wenigstens das Land genießen kann. Mein Herz sehnt sich nicht nach den verlorenen Äckern und den wunderschön anzuschauenden Feldern auf pälignischem Boden, noch auch nach den auf fichtentragenden Hügeln gelegenen Gärten, auf welche die mit der Via Flaminia verbundene Via Clodia blickt, [45] die ich für wer weiß wen bebaut habe, in denen ich selbst gewöhnlich – und ich schäme mich deswegen nicht – Quellwasser auf die Pflanzen gab, wo, wenn sie noch leben, einige auch von meiner Hand gepflanzte, aber nicht auch von meiner Hand abzupflü-

pro quibus amissis utinam contingere possit
hic saltem profugo glaeba colenda mihi!
ipse ego pendentis, liceat modo, rupe capellas,
ipse velim baculo pascere nixus oves.
ipse ego, ne solitis insistant pectora curis,
ducam ruricolas sub iuga curva boves
et discam Getici, quae norunt verba, iuvenci,
adsuetas illis adiciamque minas.
ipse manu capulum pressi moderatus aratri
experiar mota spargere semen humo;
nec dubitem longis purgare ligonibus herbas
et dare, iam sitiens quas bibat hortus, aquas.
unde sed hoc nobis, minimum quos inter et hostem
discrimen murus clausaque porta facit?
at tibi nascenti, quod toto pectore laetor,
nerunt fatales fortia fila deae.
te modo Campus habet, densa modo porticus umbra,
nunc, in quo ponis tempora rara, forum.
Umbria nunc revocat, nec non Albana petentem
Appia ferventi ducit in arva rota.
forsitan hic optes, ut iustam supprimat iram
Caesar, et hospitium sit tua villa meum.
a, nimium est, quod, amice, petis: moderatius opta
et voti, quaeso, contrahe vela tui.

ckende Obstbäume stehen. Wenn es mir doch als Ersatz für ihren Verlust zuteil werden könnte, dass wenigstens hier von mir, dem Verbannten, ein Stück Land bebaut werden darf! Ich selbst wollte dann, wenn es nur erlaubt wäre, am Felsen hängende Ziegen, ich selbst, auf einen Stab gestützt, Schafe weiden. Ich selbst würde, damit sich mein Herz nicht ganz auf die gewohnten Sorgen wirft, unter das gekrümmte Joch landbewohnende Rinder führen und würde die Wörter lernen, welche die getischen Jungstiere verstehen, und die ihnen vertrauten Drohungen hinzufügen. Ich selbst würde mit der Hand den Griff des heruntergedrückten Pfluges lenken und versuchen, auf den beackerten Boden Samen zu streuen; und ich würde nicht zögern, mit einer langen Hacke das Unkraut zu jäten und Wasser zu spenden, das der schon dürstende Garten trinken würde.

Doch woher soll das mir zuteil werden, zwischen dem und dem Feind die Mauer und das verschlossene Tor nur einen winzigen Zwischenraum schafft? Doch dir spannen bei deiner Geburt, worüber ich mich von ganzem Herzen freue, die Schicksalsgöttinnen starke Fäden. Bald hat der Campus dich für sich, bald eine Säulenhalle mit dichtem Schatten, dann wieder das Forum, auf dem du nur wenig Zeit verbringst. Dann wieder ruft Umbrien dich zurück, und die Via Appia bringt dich zu den albanischen Feldern, wenn du dorthin strebst auf glühenden Rädern. Vielleicht wünschst du dort, dass Caesar seinen gerechten Zorn unterdrückt und dein Landhaus meine Herberge ist. Ach, zu viel ist, was du verlangst, mein Freund: Wünsche bescheidener, und ziehe bitte die Segel deines Wunsches ein. Ich wollte, dass mir ein näheres und keinem

terra velim propior nullique obnoxia bello
detur: erit nostris pars bona dempta malis.

2,10

Ecquid ab impressae cognoscis imagine cerae
haec tibi Nasonem scribere verba, Macer,
auctorisque sui si non est anulus index,
cognitane est nostra littera facta manu?
an tibi notitiam mora temporis eripit horum,
nec repetunt oculi signa vetusta tui?
sis licet oblitus pariter gemmaeque manusque,
exciderit tantum ne tibi cura mei.
quam tu vel longi debes convictibus aevi,
vel mea quod coniunx non aliena tibi est,
vel studiis, quibus es quam nos sapientius usus,
utque decet, nulla factus es arte nocens.
tu canis aeterno quidquid restabat Homero,
ne careant summa Troica bella manu.
Naso parum prudens, artem dum tradit amandi,
doctrinae pretium triste magister habet.
sunt tamen inter se communia sacra poetis,
diversum quamvis quisque sequamur iter.
quorum te memorem, quamquam procul absumus, esse
suspicor et casus velle levare meos.
te duce magnificas Asiae perspeximus urbes,
Trinacris est oculis te duce visa meis.
vidimus Aetnaea caelum splendescere flamma,
suppositus monti quam vomit ore gigas,

Krieg ausgesetztes Land gegeben würde: Dann wäre von meinen Leiden ein großer Teil genommen.

Buch 2, Elegie 10

Erkennst du wohl an dem Bild des aufgedrückten Wachses, dass diese Worte dir Naso schreibt, Macer, und wenn der Siegelring nicht Anzeiger seines Besitzers ist, wurden die von meiner Hand fabrizierten Buchstaben erkannt? Oder hat dir das Verstreichen der Zeit die Bekanntschaft mit diesen Dingen entrissen, und erinnern sich deine Augen nicht an das Siegel aus alter Zeit? Magst du denn in gleicher Weise Siegelring und Hand vergessen haben, solange dir nur nicht die Sorge um mich entfallen ist. Die schuldest du dem freundschaftlichen Kontakt einer langen Zeit oder der Tatsache, dass meine Frau dir nicht fremd ist, oder der Dichtung, mit der du dich weiser als ich beschäftigt hast und durch die du, wie es sich gehört, mit keiner Kunst schuldig geworden bist. Du besingst alles, was vom ewigen Homer noch übrig ist, damit dem Trojanischen Krieg nicht die letzte Hand fehlt. Naso, allzu wenig klug, hat, während er die Kunst des Liebens weiterreichte, als Lehrer einen traurigen Lohn für seine Gelehrsamkeit bekommen.

Es gibt jedoch Heiligtümer, welche die Dichter untereinander gemeinsam haben, obwohl wir jeweils einen anderen Weg einschlagen. Dass du dich an sie erinnerst, obwohl wir weit voneinander entfernt sind, vermute ich, und dass du mein Unglück lindern willst. Unter deiner Leitung besichtigten wir gründlich die prächtigen Städte Asiens, Trinakris sahen meine Augen unter deiner Leitung. Wir sahen den Himmel von der Flamme des Ätna erglänzen,

Hennaeosque lacus et olentis stagna Palici,
quamque suis Cyanen miscet Anapus aquis,
nec procul hinc nymphen, quae, dum fugit Elidis amnem,
tecta sub aequorea nunc quoque currit aqua.
hic mihi labentis pars anni magna peracta est;
eheu, quam dispar est locus ille Getis!
et quota pars haec sunt rerum, quas vidimus ambo
te mihi iucundas efficiente vias,
seu rate caeruleas picta sulcavimus undas,
esseda nos agili sive tulere rota!
saepe brevis nobis vicibus via visa loquendi,
pluraque, si numeres, verba fuere gradu;
saepe dies sermone minor fuit, inque loquendum
tarda per aestivos defuit hora dies.
est aliquid casus pariter timuisse marinos
iunctaque ad aequoreos vota tulisse deos,
et modo res egisse simul, modo rursus ab illis,
quorum non pudeat, posse referre iocos.
haec tibi cum subeant, absim licet, omnibus annis
ante tuos oculos, ut modo visus, ero.
ipse quidem extremi cum sim sub cardine mundi,
qui semper liquidis altior extat aquis,
te tamen intueor, quo solo pectore possum,
et tecum gelido saepe sub axe loquor.
hic es et ignoras et ades celeberrimus absens
inque Getas media iussus ab urbe venis.

die ein unter dem Berg liegender Gigant aus dem Mund speit, die Seen bei Henna und die Tümpel des stinkenden Palikus und Kyane, die Anapus mit seinen Gewässern mischt, und nicht fern von dort die Nymphe, die, während sie vor dem Fluss von Elis flieht, versteckt unter dem Meerwasser auch heute noch rennt. Dort verbrachte ich einen großen Teil des dahingleitenden Jahres; wehe, wie ungleich ist jener Ort vom Ort der Geten! Und welch ein kleiner Teil ist das von den Dingen, die wir beide sahen, während du mir die Fahrten angenehm machtest, sei es, dass wir in einem bemalten Schiff die blauen Wogen durchfurchten, sei es, dass Reisewagen uns mit schnellem Rade trugen! Oft schien uns der Weg durch unsere Gespräche kurz, und wenn du es zählen würdest, waren es mehr Worte als Schritte; oft war der Tag kürzer als das Geplauder, und zum Reden reichten die späten Stunden während der Sommertage nicht aus. Es bedeutet etwas, gleichzeitig die Wechselfälle auf dem Meer zu fürchten, den Meergöttern gemeinsame Gebete darzubringen und bald zusammen Geschäfte zu erledigen, bald danach wieder witzige Geschichten erzählen zu können, derer man sich nicht schämen muss.

Wenn dir dies in den Sinn kommt, werde ich, mag ich auch fern sein, alle Jahre dir vor Augen stehen, wie eben erst erblickt. Obwohl ich selbst mich zwar am Rande der Welt unter dem Pol befinde, der immer höher liegt als die klaren Gewässer, blicke ich dennoch auf dich in meinem Herzen, mit dem ich es allein kann, und mit dir rede ich oft unter dem kalten Himmel. Du bist hier, und doch weißt du es nicht, und du bist häufig anwesend, obwohl du abwesend bist, und zu den Geten kommst du auf Be-

redde vicem et, quoniam regio felicior ista est,
istic me memori pectore semper habe.

3,2

Quam legis a nobis missam tibi, Cotta, salutem,
missa sit ut vere perveniatque precor.
namque meis sospes multum cruciatibus aufers
utque sit in nobis pars bona salva facis,
cumque labent aliqui iactataque vela relinquant,
tu lacerae remanes ancora sola rati.
grata tua est igitur pietas; ignoscimus illis,
qui cum Fortuna terga dedere fugae.
cum feriant unum, non unum fulmina terrent,
iunctaque percusso turba pavere solet,
cumque dedit paries venturae signa ruinae,
sollicito vacuus fit locus ille metu.
quis non e timidis aegri contagia vitat
vicinum metuens ne trahat inde malum?
me quoque amicorum nimio terrore metuque
non odio quidam destituere mei.
non illis pietas, non officiosa voluntas
defuit: adversos extimuere deos,
utque magis cauti possunt timidique videri,
sic appellari non meruere mali.
aut meus excusat caros ita candor amicos,
utque habeant de me crimina nulla favet.

fehl mitten aus der Stadt. Vergilt mir Gleiches mit Gleichem, und behalte mich, weil deine Gegend beglückter ist, dort immer in einem Herzen, das an mich denkt.

Buch 3, Elegie 2

Das von mir an dich, Cotta, geschickte »Alles Gute«, das du liest – dass es dir tatsächlich geschickt sei und dich erreicht, darum bete ich. Denn wenn es dir gut geht, nimmst du von meinen Qualen Vieles weg und bewirkst, dass in mir ein großer Teil gesund ist, und während manche Leute wanken und die hin und her geworfenen Segel verlassen, bleibst du dem zertrümmerten Schiff der einzige Anker.

Wohltuend ist also deine freundschaftliche Liebe; ich verzeihe denen, die zusammen mit Fortuna den Rücken wandten und flohen. Auch wenn Blitze nur einen treffen, erschrecken sie nicht nur einen, und die mit dem Getroffenen verbundene Schar ist gewöhnlich in Angst, und wenn eine Wand Zeichen gegeben hat, dass bald ihr Einsturz kommt, wird der Ort, wo sie steht, infolge von Sorge und Furcht leer. Wer von den ängstlichen Leuten meidet nicht die Berührung eines Kranken aus Furcht, er könne sich durch ihn ein ähnliches Leiden zuziehen? Auch mich ließen einige meiner Freunde in allzu großer Panik und Furcht, nicht aus Hass auf mich im Stich. Ihnen fehlte nicht freundschaftliche Liebe, nicht der Wille zur Erfüllung der Freundschaftspflicht: Sie hatten große Angst vor den feindlichen Göttern. Wenn sie auch zu vorsichtig und zaghaft erscheinen können, so haben sie doch nicht verdient, als schlecht bezeichnet zu werden. Oder mein guter Wille entschuldigt die lieben Freunde und begünstigt,

sint hi contenti venia signentque licebit
    purgari factum me quoque teste suum.
pars estis pauci melior, qui rebus in artis
    ferre mihi nullam turpe putastis opem.
tunc igitur meriti morietur gratia vestri,
    cum cinis absumpto corpore factus ero.
fallor, et illa meae superabit tempora vitae,
    si tamen a memori posteritate legar.
corpora debentur maestis exsanguia bustis:
    effugiunt structos nomen honorque rogos.
occidit et Theseus et qui comitavit Oresten,
    sed tamen in laudes vivit uterque suas.
vos etiam seri laudabunt saepe nepotes,
    claraque erit scriptis gloria vestra meis.
hic quoque Sauromatae iam vos novere Getaeque,
    et tales animos barbara turba probat,
cumque ego de vestra nuper probitate referrem –
    nam didici Getice Sarmaticeque loqui –,
forte senex quidam, coetu cum staret in illo,
    reddidit ad nostros talia verba sonos:
'nos quoque amicitiae nomen bene novimus, hospes,
    quos procul a vobis Pontus et Hister habet.
est locus in Scythia – Tauros dixere priores –,
    qui Getica longe non ita distat humo.
hac ego sum terra – patriae nec paenitet – ortus:
    consortem Phoebi gens colit illa deam.

dass ich ihnen keine Schuld gebe. Mögen sie zufrieden sein mit meiner Nachsicht, und sie dürfen künftig besiegeln, dass ihr Handeln sogar von mir als ihrem Zeugen entschuldigt wird.

Ihr wenigen seid der bessere Teil, die ihr es für schändlich hieltet, mir in bedrängter Lage keine Hilfe zu bringen. Erst dann also wird mein Dank für eure Verdienste sein Ende haben, wenn mein Körper dahingeschwunden ist und ich zu Asche geworden bin. Ich täusche mich: Mein Dank wird meine Lebenszeit überdauern, wenn ich denn doch von einer Nachwelt, die mich im Gedächtnis behält, gelesen werde. Nur die entseelten Körper sind für die traurig anzusehenden Brandstätten bestimmt: Ruhm und Ehre entgehen den aufgeschichteten Scheiterhaufen. Es starb auch Theseus und er, der Orest begleitete, aber dennoch leben beide zu ihrem Ruhm noch fort. Auch euch werden spät noch die Nachkommen oft preisen, und hell leuchtend wird durch meine Werke euer Ruhm sein.

Sogar hier kennen euch schon die Sauromaten und Geten, und eine solche Gesinnung erkennt die barbarische Schar an, und als ich neulich von eurer Anständigkeit berichtete – denn ich habe gelernt, getisch und sarmatisch zu sprechen –, ergab es sich, dass ein alter Mann, als er unter den versammelten Leuten stand, auf meine Äußerungen folgende Worte erwiderte: »Auch wir kennen das Wort ›Freundschaft‹ gut, Fremdling, wir, die fern von euch der Pontus und der Hister festhalten. Es gibt einen Ort in Skythien – Tauri nannten ihn die Menschen früherer Zeiten –, der nicht weit vom getischen Gebiet entfernt ist. In diesem Land – ich bin zufrieden mit meiner Heimat – bin ich geboren: Das Volk dort verehrt die Schwester des Phö-

templa manent hodie vastis innixa columnis,
perque quater denos itur in illa gradus.
fama refert illic signum caeleste fuisse,
quoque minus dubites, stat basis orba dea,
araque, quae fuerat natura candida saxi,
decolor adfuso tincta cruore rubet.
femina sacra facit taedae non nota iugali,
quae superat Scythicas nobilitate nurus.
sacrifici genus est – sic instituere parentes –,
advena virgineo caesus ut ense cadat.
regna Thoas habuit Maeotide clarus in ora,
nec fuit Euxinis notior alter aquis.
sceptra tenente illo liquidas fecisse per auras
nescioquam dicunt Iphigenian iter,
quam levibus ventis sub nube per aera vectam
creditur his Phoebe deposuisse locis.
praefuerat templo multos ea rite per annos,
invita peragens tristia sacra manu,
cum duo velifera iuvenes venere carina
presseruntque suo litora nostra pede.
par fuit his aetas et amor, quorum alter Orestes,
alter erat Pylades: nomina fama tenet.
protinus immitem Triviae ducuntur ad aram,
evincti geminas ad sua terga manus.
spargit aqua captos lustrali Graia sacerdos,
ambiat ut fulvas infula longa comas.

bus als Göttin. Ihr Tempel besteht noch heute, gestützt auf gewaltige Säulen, und über viermal zehn Stufen geht man in ihn hinein. Die Überlieferung erzählt, es habe dort ein himmlisches Standbild von ihr gegeben, und damit du um so weniger zweifelst: Der Sockel steht noch da, der Göttin beraubt, und der Altar, der von der Beschaffenheit des Steines her weiß gewesen war, hat seine Farbe verändert und ist rot, weil er durch das darauf vergossene Blut gefärbt wurde. Die Opferhandlungen vollzieht, noch nicht vertraut mit der Hochzeitsfackel, eine Frau, welche die Töchter der Skythen durch ihre edle Herkunft überragt. Das Opfer ist von der Art – so haben es die Vorfahren angeordnet –, dass ein Ankömmling getroffen durch das Schwert der Jungfrau fällt.

Die Königsherrschaft hatte Thoas inne, berühmt im mäotischen Gebiet, und keiner war den Fluten des Euxinus besser bekannt. Als er das Szepter führte, machte, wie sie sagen, eine Fahrt durch die klaren Lüfte irgendeine Iphigenie, die, nachdem sie von leichten Winden unter einer Wolke durch die untere Luftschicht getragen worden war, Phöbe, wie man glaubt, in dieser Gegend niedersetzen ließ. Sie war viele Jahre hindurch nach dem Brauch Vorsteherin des Tempels gewesen, wobei sie mit widerwilligen Händen die düsteren Opferhandlungen vollzog, als zwei junge Männer auf segeltragendem Schiff kamen und mit ihren Füßen unseren Strand betraten. Alter und gegenseitige Liebe war bei ihnen gleich; der eine von ihnen war Orest, der andere Pylades: Ihre Namen bewahrt die Überlieferung. Sofort wurden sie zum erbarmungslosen Altar der Trivia geführt, beide Hände auf ihrem Rücken gefesselt. Mit Weihwasser besprengte die grajische Priesterin

dumque parat sacrum, dum velat tempora vittis,
dum tardae causas invenit ipsa morae,
"non ego crudelis, iuvenes; ignoscite", dixit,
"sacra suo facio barbariora loco.
ritus is est gentis; qua vos tamen urbe venitis
quodve parum fausta puppe petistis iter?"
dixit, et audito patriae pia nomine virgo
consortes urbis comperit esse suae.
"alter ut e vobis" inquit "cadat hostia sacris,
ad patrias sedes nuntius alter eat."
ire iubet Pylades carum periturus Oresten;
hic negat, inque vices pugnat uterque mori.
extitit hoc unum, quo non convenerit illis:
cetera par concors et sine lite fuit.
dum peragunt iuvenes pulchri certamen amoris,
ad fratrem scriptas exarat illa notas.
ad fratrem mandata dabat, cuique illa dabantur –
humanos casus aspice! –, frater erat.
nec mora, de templo rapiunt simulacra Dianae
clamque per immensas puppe feruntur aquas.
mirus amor iuvenum; quamvis abiere tot anni,
in Scythia magnum nunc quoque nomen habent.'
fabula narrata est postquam vulgaris ab illo,
laudarunt omnes facta piamque fidem.

die Gefangenen, damit dann die lange Wollbinde die blonden Haare umgab. Und während sie das Opfer vorbereitete, während sie ihnen die Schläfen mit Bändern umhüllte, während sie selbst Gründe für eine lange Verzögerung erfand, sagte sie: ›Nicht *ich* bin grausam, ihr jungen Männer; verzeiht, ich verrichte Opferhandlungen, die barbarischer sind als der Schauplatz. Dies ist ein Brauch des Volksstamms; doch aus welcher Stadt kommt ihr, welchen Weg sucht ihr auf einem zu wenig glückbringenden Schiff?‹ Das sagte sie, und als die fromme Jungfrau den Namen ihrer Heimat gehört hatte, erfuhr sie, dass es Landsleute aus ihrer eigenen Stadt waren. ›Mag denn einer von euch‹, sprach sie, ›als Schlachtopfer im Heiligtum fallen, so soll doch der andere als Bote zum heimatlichen Wohnsitz gehen.‹ Zu gehen fordert Pylades, der bereit ist, sein Leben zu verlieren, seinen lieben Orest auf; dieser weigert sich, und streitend streben beide im Wechsel danach, zu sterben. Es gab nur dieses eine, worin sie sich nicht einigen konnten: In allen übrigen Dingen waren sie ein einmütiges Paar und ohne Streit. Während die schönen jungen Männer ihren Liebeswettbewerb austrugen, ritzte sie in Wachs an ihren Bruder gerichtete Schriftzeichen. An ihren Bruder gerichtete Aufträge übergab sie, und der, dem sie übergeben wurden – sieh an die menschlichen Zufälle! –, war ihr Bruder. Unverzüglich raubten sie aus dem Tempel das Standbild der Diana und wurden heimlich von dem Schiff über die unermesslich weiten Fluten getragen. Wunderbar war die Liebe der jungen Männer; obwohl so viele Jahre vergangen sind, haben sie in Skythien heute noch einen großen Namen.« Nachdem die allgemein bekannte Geschichte von dem Mann erzählt worden war,

scilicet hac etiam, qua nulla ferocior ora est,
nomen amicitiae barbara corda movet.
quid facere Ausonia geniti debetis in urbe,
cum tangunt duros talia facta Getas?
adde, quod est animus semper tibi mitis, et altae
indicium mores nobilitatis habent,
quos Volesus patrii cognoscat nominis auctor,
quos Numa materni non neget esse suos,
adiectique probent genetiva ad nomina Cottae,
si tu non esses, interitura domus.
digne vir hac serie, lasso succurrere amico
conveniens istis moribus esse puta.

4,13

O mihi non dubios inter memorande sodales,
qui quod es, id vere, Care, vocaris, ave!
unde salutaris? color hic tibi protinus index
et structura mei carminis esse potest,
non quia mirifica est, sed quod non publica certe est:
qualis enim cumque est, non latet esse meam.
ipse quoque, ut titulum chartae de fronte revellas,
quod sit opus, videor dicere posse, tuum.
quamlibet in multis positus noscere libellis,
perque observatas inveniere notas.

lobten alle die Taten und die Freundestreue. Offenkundig bewegt auch an dieser Küste, die wilder als jede andere ist, das Wort ›Freundschaft‹ die barbarischen Herzen. Was müsst ihr in der ausonischen Stadt Geborene da tun, wenn solche Taten die harten Geten anrühren?

Nimm hinzu, dass dein Sinn stets mild ist und von hochbedeutendem Adel dein Charakter zeugt, den Volesus, von dem der Name deines Vaters herkommt, wiedererkennt, den Numa, von dem der deiner Mutter herkommt, als seinen nicht verleugnet, und den die, welche zusätzlich unter dem Geburtsnamen Cotta geführt wurden, anerkennen, eine Familie, die untergehen würde, wenn du nicht wärst. Du dieser Ahnenreihe würdiger Mann, glaube, dass es zu einem derartigen Charakter passt, dem seelisch kranken Freund beizustehen.

Buch 4, Elegie 13

Du, den ich unter den nie unzuverlässigen Gefährten nennen muss und der du Carus [lieb, teuer] heißt, weil du es wahrhaft bist, sei gegrüßt! Von wo du gegrüßt wirst? Meine Ausdrucksweise kann es dir sofort verraten und die Bauweise meines Gedichtes – nicht, weil sie wunderbar, sondern weil sie gewiss nicht alltäglich ist: Welcher Art auch immer sie ist, es bleibt nicht verborgen, dass sie von mir stammt. Ich selbst auch glaube, sogar dann, wenn du den Titel von der Stirnseite der Papyrusrolle wegreißt, sagen zu können, das Werk stamme von dir. Magst du auch unter beliebig viele Büchlein gelegt worden sein, man wird dich erkennen, und anhand der beobachteten Merkmale wird man dich finden. Den Verfasser werden die Kräfte

prodent auctorem vires, quas Hercule dignas
   novimus atque illi, quem canis ipse, pares.
et mea Musa potest proprio deprensa colore
   insignis vitiis forsitan esse suis.
tam mala Thersiten prohibebat forma latere,
   quam pulchra Nireus conspiciendus erat.
nec te mirari, si sint vitiosa, decebit
   carmina, quae faciam paene poeta Getes.
a, pudet: et Getico scripsi sermone libellum,
   structaque sunt nostris barbara verba modis,
et placui – gratare mihi! – coepique poetae
   inter inhumanos nomen habere Getas.
materiam quaeris? laudes: de Caesare dixi;
   adiuta est novitas numine nostra dei.
nam patris Augusti docui mortale fuisse
   corpus, in aetherias numen abisse domos;
esse parem virtute patri, qui frena rogatus
   saepe recusati ceperit imperii;
esse pudicarum te Vestam, Livia, matrum,
   ambiguum, nato dignior anne viro;
esse duos iuvenes, firma adiumenta parentis,
   qui dederint animi pignora certa sui.
haec ubi non patria perlegi scripta Camena,
   venit et ad digitos ultima charta meos,
et caput et plenas omnes movere pharetras,
   et longum Getico murmur in ore fuit.

verraten, die wir als des Herkules würdig und als ihm, den du selbst besingst, ebenbürtig kennen. Und meine Muse kann, wenn sie aufgrund der ihr eigenen Ausdrucksweise entdeckt worden ist, vielleicht an ihren eigenen Fehlern erkennbar sein. Im selben Maße hinderte den Thersites die hässliche Gestalt daran, unauffällig zu bleiben, wie Nireus durch seine schöne Gestalt Aufmerksamkeit erregte.

Und es wird nicht angemessen sein, dich zu wundern, wenn die Gedichte fehlerhaft sind, die ich als fast schon getischer Dichter verfasse. Ach, ich schäme mich: Auch in getischer Sprache habe ich ein Büchlein geschrieben, und die barbarischen Wörter sind mit meinen Versmaßen zusammengebaut, und ich fand Anklang – gratuliere mir! – und begann unter den unmenschlichen Geten den Namen »Dichter« zu tragen. Du fragst nach meinem Stoff? Du wirst ihn wohl loben: Ich sang von Caesar. Meine neue künstlerische Entwicklung wurde durch das Wirken des Gottes unterstützt. Denn ich legte dar, dass der Leib des Vaters Augustus sterblich gewesen, der göttliche Teil seines Wesens aber zu den himmlischen Häusern fortgegangen sei; gleich dem Vater an Mannhaftigkeit sei er, der nur auf Bitten die Zügel des oft abgelehnten Reiches ergriff; du, Livia, seist die Vesta der sittenreinen Mütter, wobei nur ungewiss sei, ob des Sohnes würdiger oder des Mannes; zwei junge Männer seien da, kräftige Stützen des Vaters, die sichere Beweise ihres Mutes gegeben hätten. Als ich dies vorgelesen hatte, was unter dem Einfluss der nicht aus meiner Heimat stammenden Muse geschrieben wurde, und das Ende des Papyrus in meine Finger gekommen war, bewegten alle die Köpfe und die vollen Köcher, und ein langes Gemurmel erhob sich in den getischen

atque aliquis 'scribas haec cum de Caesare', dixit,
'Caesaris imperio restituendus eras.'
ille quidem dixit: sed me iam, Care, nivali
sexta relegatum bruma sub axe videt.
carmina nil prosunt: nocuerunt carmina quondam,
primaque tam miserae causa fuere fugae.
at tu, per studii communia foedera sacri,
per non vile tibi nomen amicitiae –
sic capto Latiis Germanicus hoste catenis
materiam vestris adferat ingeniis;
sic valeant pueri, votum commune, deorum,
quos laus formandos est tibi magna datos –,
quanta potes, praebe nostrae momenta saluti,
quae nisi mutato nulla futura loco est.

Mündern. Und einer sagte: »Weil du so etwas über Caesar schreibst, müsstest du auf Caesars Befehl zurückgeholt werden.« Gewiss, das hat er gesagt: Aber mich sieht schon der sechste Winter als Relegierten unter dem schneebedeckten Pol. Meine Dichtung nützt mir nichts: Geschadet hat meine Dichtung mir einst, und sie war der primäre Grund meiner so elenden Verbannung.

Doch du, bei dem gemeinsamen Bund des heiligen poetischen Bemühens, bei dem für dich nicht wertlosen Wort »Freundschaft« – so wahr Germanicus, wenn er die Feinde mit latischen Ketten gefangen genommen hat, deinem Talent Stoff liefern möge; so wahr gesund sein mögen die Göttersöhne, für die wir gemeinsam beten und die dir großen Ruhm bringen, weil sie dir zur Erziehung übergeben wurden –, gewähre so viel von deinem Einfluss, wie du kannst, meinem Heil, das nur dann kommen wird, wenn ich den Ort gewechselt habe.

Anhang

Anmerkungen

Tristia 1,3

5 *Caesar:* C. Iulius Caesar Octavianus, der Kaiser (eigentlich »Princeps«) Augustus (63 v. Chr. – 14 n. Chr.) und Erbe Caesars, dessen (Adoptiv-)Sohn er war.
6 *Ausonien:* Italien.
22 *Leichenbegängnis:* Der Sprecher (im Folgenden der Einfachheit halber mit dem Namen des realen Autors Ovid bezeichnet) vergleicht seinen Exilort immer wieder mit der Unterwelt (vgl. Nachwort S. 172).
26 *Troja:* Vgl. Nachwort S. 166.
28 *Luna:* die Mondgöttin.
29 *Kapitol:* Dort hatten nach Auffassung der Römer deren wichtigste Götter ihren Sitz.
33 *Quirinus:* Name des Romulus, des mythischen Gründers der Stadt Rom, nach seiner Erhebung unter die Götter.
35 *Verwundung:* Metapher für das Leid, welches das Verbannungsurteil über Ovid gebracht hat.
Schild: Gemeint ist die Hilfe der von Ovid angeflehten Götter, die nunmehr zu spät kommt.
37 *der göttliche Mann:* Augustus.
Irrtum: Vgl. Nachwort S. 162 f.
43 *Laren:* römische Hausgötter wie die Penaten in V. 45.
44 *Herd:* Hausaltar.
48 *die parrhasische Bärin:* das Sternbild des Großen Bären, das der Sage nach durch Verwandlung der Kallisto (sie stammt aus Parrhasien, dem südlichen Teil Arkadiens) in eine Bärin und ihre Entrückung an den Sternenhimmel entstand. Vermutlich denkt Ovid mit der Achse gleichzeitig an das Sternbild des Wagens, das von den sieben hellsten Sternen des Großen Bären gebildet wird.
59 *und täuschte mich selbst damit:* Er tut wider besseres Wissen vor sich selbst so, als habe er die Aufträge noch nicht gegeben, um,

weil er sich von den Seinen nicht losreißen kann, noch Zeit herauszuschinden.

61 *Skythien:* zwischen Donau und Don, bewohnt von Nomaden, also für Römer eine barbarische Gegend.

66 *Theseus*: mythischer Held und König von Athen. Er ist wegen seiner Freundschaft mit Pirithous bekannt (vgl. Anm. zu *Tristia* 1,5,19).

72 *Lucifer:* der Morgenstern.

75 *Mettius:* Mettius Fufetius, Livius 1,23,4 ff. und 27,1 ff. zufolge albanischer Diktator und Bundesgenosse des römischen Königs Tullus Hostilius. Weil er sich diesem gegenüber im Krieg gegen Veji als Verräter verhielt, wurde er auf Befehl des Königs von zwei Vierspännern in Stücke gerissen.

Tristia 1,5

7 *Erkennungszeichen:* statt den Namen des Adressaten zu nennen; vgl. Nachwort S. 173 f.

17 *mein Schiff:* das Lebensschiff (vgl. auch V. 36).

19 *Theseus:* Vgl. Anm. zu *Tristia* 1,3,66; hier als Begleiter des Pirithous in die Unterwelt, wo dieser Proserpina entführen will.

21 *der Phoker:* Pylades, der Freund Orests, dem er beisteht, als dieser wegen der Ermordung seiner Mutter von den Furien (Rachegöttinnen) verfolgt wird.

23 *Euryalus:* in Vergils *Aeneis* (9,176 ff.) Freund des Nisus. Er wird, als er auf nächtlichem Weg zu dem weit vom Trojanerlager entfernten Aeneas mit einem latinischen Reitertrupp zusammengerät, getötet. Dasselbe Schicksal ereilt Nisus, als dieser Euryalos zu Hilfe kommen will.

38 *der Gott:* Augustus.

57 *der neritische Heerführer:* Odysseus als der König über ein Inselreich, zu dem außer Ithaka (V. 67), Dulichium (V. 60) und Same (V. 67) auch Neritos gehört.

60 *Ilium:* Troja.

62 *getisch . . . sarmatisch:* Geten und Sarmaten waren Volksstämme am Schwarzen Meer.

76 *die kriegerische Göttin:* Minerva.
77 *Jupiter:* Augustus.

Tristia Buch 2

8 *Caesar:* hier und im Folgenden der Princeps Augustus (vgl. Anm. zu 1,3,5), der Adressat der Elegie.
13 *die gelehrten Schwestern:* die neun Musen.
17 *den Sand:* in der Arena oder auf einer freien Fläche.
19 *teuthrantisch:* mysisch. König Telephus von Mysien in Kleinasien wird von Achill durch dessen Speer verletzt und später mit Hilfe derselben Waffe geheilt.
23 *ausonisch:* italisch.
24 *Ops:* wie Kybele eine Muttergottheit mit einem Mauerkranz über der Stirn. Das hier erwähnte Ritual fand vielleicht am 10. August 7 n. Chr. bei der Weihung eines Altars der Ceres und der Ops statt.
25 *die Spiele:* die Jahrhundertfeier 17 v. Chr.
53 *der dritte Herrschaftsbereich:* die Unterwelt, in der Pluto regiert.
61 *sie:* die *Ars amatoria.*
63 *das größere Werk:* die *Metamorphosen*; angespielt wird auf 15,857 ff.
71 *Giganten:* im Mythos Riesen mit Schlangen statt Beinen, die vergebens die Herrschaft der olympischen Götter zu stürzen versuchen.
90 *wenn ich ... vorbeiritt:* zusammen mit den anderen römischen Rittern. Wer dabei von Augustus ungerügt blieb, konnte daraus schließen, dass der Kaiser mit seinem Lebenswandel zufrieden war.
94 *die zehnmal zehn Männer:* die *centumviri*, ein Gerichtshof für Zivilprozesse. Außer ihnen gehörte Ovid zu den für die Aufsicht über die Gefängnisse und die Vollstreckung von körperlichen Strafen verantwortlichen *tresviri* (Drei-Männer-Kollegium, nicht zu verwechseln mit dem politischen Triumvirat Caesars, des Pompeius und des Crassus bzw. dem Oktavians, des Antonius und des

Lepidus; vgl. *Tristia* 4,10,34) und fungierte als Richter bei Privatprozessen (V. 95).

99 *was zuletzt geschah:* gemeint ist der »Irrtum«, von dem im Folgenden andeutungsweise die Rede ist.

105 *Aktäon:* Er sieht Diana versehentlich beim Baden, wird von der Göttin in einen Hirsch verwandelt und von seinen eigenen Hunden zerrissen (Ovid, *Metamorphosen* 3,131 ff.).

109 *Irrtum:* Vgl. Nachwort S. 162 f.

111 *Heimat*: Vgl. Anm. zu *Tristia* 4,10,3.

137 *relegiert:* Vgl. Nachwort S. 162 f.

165 *Sohn:* Tiberius, Sohn der Livia aus deren erster Ehe, von seinem Stiefvater Augustus 4 n. Chr. adoptiert sowie als Nachfolger designiert.

167 *Enkel:* Tiberius' Sohn Drusus und sein Neffe und Adoptivsohn Germanicus.

169 *Victoria:* die Siegesgöttin.

171 *ausonisch:* römisch.

177 *als Sieger:* im Triumphzug.

181 *diesen Namen:* Den Titel *pater patriae*, der ihm sehr wichtig war (vgl. Nachwort S. 168 f. und 173), bekam Augustus am 5. Februar 2 v. Chr. verliehen.

189 *Hister:* der untere Lauf der Donau.

190 *Wagenachse:* Vgl. Anm. zu *Tristia* 1,3,48.

197 *Euxinus:* Die Westküste des Schwarzen Meeres, von den Griechen euphemistisch *Póntos Eúxeinos* (»Gastliches Meer«) genannt.

198 *Bastarner ...:* Stämme von der Donaumündung bis östlich des Schwarzen Meeres.

207 *Dichtung:* die *Ars amatoria*.
Irrtum: vgl. Nachwort S. 162 f.

220 *ungleich lange Verse:* das aus Hexameter und Pentameter bestehende elegische Distichon.

225 *Pannonien:* heute Ungarn.
das illyrische Gebiet: Ostküste der Adria. In den beiden Gebieten warf Tiberius 6–9 n. Chr. einen dalmatisch-pannonischen Aufstand nieder.

226 *rätische und thrakische Waffen:* Die Räter, Germanen zwischen Rhein, Donau und Lech, waren schon 15 v. Chr. unterworfen worden, bei den Thrakern nordöstlich von Griechenland gelang es erst 45 n. Chr.

228 *der parthische Reiter:* Trotz ihrer Siege über römische Heere gaben die im heutigen Iran lebenden Parther 20 v. Chr. die dabei eroberten Feldzeichen zurück.

229 *Sohn:* Vgl. Anm. zu V. 165.

232 *keinen ... der wankt:* Manche Herausgeber lesen *quin* statt *quae*, verstehen also »der nicht wankt«. Aber Ovid will nicht sagen, dass das Reich überall bedroht ist – dies wäre ein Affront gegenüber Augustus –, sondern dass es trotz der einen oder anderen ihm drohenden Gefahr insgesamt gut regiert werde von einem Herrscher, der sich ganz dem Herrschen widme.

238 *entrollt*: Die Papyrusrolle, das antike Buch, wickelte man beim Lesen auf.

247 *»Bleibt fern ...«:* Die Verse 247–250 zitieren *Ars amatoria* 1,31–34, die aussagen, dass Ovid in der Rolle des Erotikprofessors nicht von freien römischen Ehefrauen – sie waren an ihren Kopfbinden und dem Besatz ihrer Stola, einer langen Tunika, zu erkennen – als potentiellen Partnerinnen seines Schülers sprechen wird, sondern nur von freigelassenen Frauen.

259 *Annalen:* (verlorenes) historisches Epos des Q. Ennius (239–169 v. Chr.), das u. a. erzählt, wie Ilia (Rhea Silvia) von Mars vergewaltigt und so zur Mutter von Romulus und Remus gemacht wird.

261 *»Stammmutter der Aeneaden ...«:* Anfang des Lehrgedichts *De rerum natura* (»Die Natur der Dinge«) von Lukrez (Mitte 1. Jh. v. Chr.). Aeneaden sind die von Aeneas, dem Sohn der Venus und des Anchises, abstammenden Römer.

281 *Saepta:* Auf dem Marsfeld gelegen und unter Julius Caesar erbaut, waren die *Saepta Iulia* (Neutr. Pl. zu *saepire* »umzäunen«) zunächst Areal für Wahlversammlungen, wurden unter Augustus für Gladiatorenkämpfe genutzt (vgl. Anm. zu V. 17) und beherbergten später eine Art Einkaufszentrum

283 *Circus:* der Circus Maximus zwischen Palatin und Aventin und der Circus Flaminius auf dem Marsfeld.

286 *Säulenhalle:* An einem solchen Ort konnte man der *Ars amatoria* zufolge Kontakt zu freigelassenen Frauen knüpfen (1,67 ff.).

293 *Pallas:* Sie wird hier mit ihrem Tempel gleichgesetzt. Vulkan will die Göttin vergeblich vergewaltigen, aus seinem dabei zu Boden tropfenden Samen entsteht Erichthonius, den Pallas aufzieht.

295 *Tempel des ... Mars:* der von Augustus 2 v. Chr. eingeweihte Tempel des Mars Ultor (»Rächer«) auf dem Augustusforum. Der Mann der Venus ist Vulkan, den sie mit Mars betrügt und der beide durch eine List überführt, wie in Homers *Odyssee* erzählt wird (8,266 ff.).

297 *Saturnia:* Juno. Nachdem ihr Mann Jupiter Io, die hier mit der ägyptischen Göttin Isis gleichgesetzt wird, vergewaltigt hat, verwandelt er sie, um seine Frau zu täuschen, in eine Kuh. Die Göttin lässt diese von einer Bremse über Länder und Meere bis zum Nil jagen.

299 *Auf Venus ...:* kurze Aufzählung erotischer Beziehungen zwischen Göttinnen und sterblichen Partnern: Venus und Anchises, der Mondgöttin Luna und Endymion (d. i. der latmische Held nach dem Berg Latmus bei Milet), Ceres und Jasion.

303 *Hetären:* Gemeint sind freigelassene Frauen, die mit freien Männern Beziehungen eingehen und sich von ihnen aushalten lassen (vgl. Anm. zu V. 247).

307 *entrollen:* Vgl. Anm. zu V. 238.

311 *Vestalinnen:* zur Virginität verpflichtete Priesterinnen der Vesta, der Göttin des Herdfeuers.

312 *Besitzer:* der Zuhälter.

317 *argolisch:* griechisch (Adjektiv zu Argos, woher der Heerführer Agamemnon kommt).

319 *Theben:* Eteokles und Polyneikes, die Söhne des thebanischen Königs Ödipus, töten sich gegenseitig im Zweikampf, nachdem Polyneikes zusammen mit sechs Heroen vergeblich die sieben Tore der Stadt angegriffen hat.

333 *Giganten:* Vgl. Anm. zu V. 71.

359 *Accius:* römischer Tragödiendichter (170 – um 83 v. Chr.).
Terenz: römischer Komödiendichter (um 195–159 v. Chr.).

364 *die teïsche Muse ...:* der griechische Lyriker Anakreon von Teos (Mitte des 6. Jh.s v. Chr.).

365 *Sappho:* griechische Lyrikerin von der Insel Lesbos (um 600 v. Chr.).

367 *Battiade:* Kallimachos, der Sohn des Battus, der bedeutendste hellenistische Dichter (um 320 –nach 245 v. Chr.).

369 *Menander:* athenischer Komödiendichter (342/41 – 293/90 v. Chr.).

371 *die Ilias ... Ehebrecherin:* Gemeint ist »Gesang über eine Ehebrecherin [Helena]«. Homers Epos (8. oder vielleicht erst 7. Jh. v. Chr.) erzählt eine längere Episode aus dem zehnten und letzten Jahr des Trojanischen Krieges, der dadurch ausgelöst wird, dass der trojanische Prinz Paris Helena, die Frau des spartanischen Königs Menelaus, aus Sparta entführt.

373 *Briseïs:* von Achill geliebte Kriegsgefangene (insofern »geraubt«). Der Zorn des Helden darüber, dass sie ihm von Agamemnon weggenommen wird, setzt das Geschehen der *Ilias* in Gang.

375 *die Odyssee ... Frau:* Gemeint ist »Gesang über eine einzige Frau«. In diesem Epos (um 700 v. Chr.) wird Penelope während der zwanzigjährigen Abwesenheit ihres Mannes Odysseus von Freiern bedrängt.

377 *Mäonide:* Homer aus Mäonien (Lydien in Kleinasien). Zu Mars und Venus vgl. Anm. zu V. 295. Die zwei Göttinnen sind Kirke und Kalypso, von deren erotischer Anziehungskraft sich Odysseus während seiner Heimfahrt aufhalten lässt.

383 *Hippolytos:* Tragödie des Euripides (485/80 – 406 v. Chr.), in der Hippolytos die Liebe seiner Stiefmutter Phädra zurückweist. Die meisten Tragödien, auf die Ovid in den folgenden Versen anspielt, sind verloren.

384 *Kanake:* Tochter des Windgottes Äolus, die ihren Bruder Makareus liebt und das von ihm empfangene Kind töten muss.

385 *der Tantalide:* Pelops, der von seinem Vater Tantalus den Göttern als Speise vorgesetzt wird. Diese erwecken ihn wieder zum Leben

und setzen ihm für die Schulter, die Ceres in ihrem Kummer um ihre entführte Tochter Proserpina gegessen hat, eine elfenbeinerne ein. Um Hippodameia aus Pisa zur Frau zu bekommen, muss er ihren Vater in einem Wagenrennen besiegen.

387 *eine Mutter:* Medea in der gleichnamigen Tragödie des Euripides (vgl. Anm. zu V. 383). Sie tötet ihre Kinder aus Rache an deren Vater Jason, der, obwohl sie ihm dabei half, das Goldene Vlies aus Kolchis zu rauben, nicht sie, sondern die korinthische Königstochter heiratet.

389 *einen König:* Tereus, der, weil er Philomela, die Schwester seiner Frau Prokne vergewaltigt und ihr die Zunge herausgeschnitten hat, von den Frauen seinen Sohn Itys als Speise vorgesetzt bekommt. Er wird in einen Wiedehopf, Philomela in eine Nachtigall und Prokne in eine Schwalbe verwandelt (vgl. Ovid, *Metamorphosen* 6,412 ff.)

391 *Aërope:* Frau des Atreus, die von seinem Bruder Thyest verführt wird, woraufhin diesem seine Söhne durch Atreus zum Mahl vorgesetzt werden. Der darüber entsetzte Sonnengott lässt sein Gespann am Himmel wenden.

393 *Skylla:* Aus Liebe zu König Minos, der ihre Heimatstadt belagert, schneidet sie ihrem Vater Nisus eine Locke ab, von der dessen Leben und Herrschaft abhängt.
hätte nicht die Kothurne der Tragödie angefasst: Gemeint ist »wäre nicht handelnde Figur in einer Tragödie gewesen«; die Tragödienschauspieler trugen Kothurne, Schuhe, ursprünglich mit hohem Schaft, später mit hohen Sohlen.

395 *Elektra:* Sie hilft ihrem Bruder Orest, ihre Mutter Klytämnestra, die Tochter des Tyndarëus, und deren Liebhaber Ägisth aus Rache für die Ermordung ihres Vaters Agamemnon durch die beiden zu töten. Die bekannteste dramatische Bearbeitung des Stoffes ist die *Elektra* des Sophokles (497/96 – 406/05 v. Chr.).

397 *der Bezwinger der Chimäre:* Bellerophon(tes), der von der Frau seines Gastgebers verleumdet wird, weil er ihre Liebe nicht erwidert, und deshalb mit der Chimäre, einem Mischwesen aus Schlange, Ziege und Löwe, kämpfen muss.

399 *Hermione:* die Tochter des Menelaus und der Helena, die, obwohl sie mit Orest verlobt ist, von Neoptolemus (vgl. Anm. zu V. 405) zur Ehe gezwungen wird.
Tochter des Schöneus: Atalanta, die, von vielen Männern umworben, nur den zu heiraten bereit ist, der sie im Wettlauf besiegen kann.

400 *Phöbuspriesterin:* Kassandra, die Tochter des trojanischen Königs Priamus, die der mykenische König Agamemnon zu seiner Nebenfrau macht.

401 *Danaë:* Von ihrem Vater Akrisius in einem Turm gefangengehalten, wird sie von Jupiter, der als Goldregen zu ihr eindringt, geschwängert.
Danaës Schwiegertochter: Andromeda, die von Danaës Sohn Perseus vor einem Seeungeheuer gerettet wird.
Lyäus: »Sorgenlöser«, ein Beiname des Weingottes Bacchus, dessen Mutter Semele ihn von Jupiter empfängt.

402 *Hämon:* der Sohn des thebanischen Königs Kreon, der mit Ödipus' Tochter Antigone verlobt ist.
sie: Alkmene. Jupiter schläft mit ihr in Gestalt ihres Mannes Amphitryon und vereint währenddessen zwei Nächte zu einer, in der er Herkules zeugt, den größten Helden des griechisch-römischen Mythos.

403 *Schwiegersohn des Pelias:* Admet, der Mann der Alkestis, die sich für ihn opfert, als er sterben muss, aber von Herkules zum Leben erweckt wird.
Theseus: Er verlässt Ariadne während der Rückkehr von Kreta nach Athen, obwohl er mit ihrer Hilfe den Minotaurus töten konnte.
ihn: Protesilaus, der im Trojanischen Krieg als erster Grieche bereits bei der Ankunft des Heers in der Troas fällt und dem seine Frau Laodamia in den Tod folgt.

405 *Iole:* Mit ihr betrügt Herkules seine Frau Deïanira.
die Mutter des Pyrrhus: Deïdamia, die Achill in Mädchenkleidern vergewaltigt und mit der er Pyrrhus (Neoptolemus) zeugt.

406 *Hylas:* Knabe, der von Herkules geliebt und ihm durch Nymphen geraubt wird.

der Knabe aus Ilion: der von Jupiter geliebte Knabe Ganymed.

409 *eine Art von Tragödie:* Gemeint ist vielleicht die Gattung des Satyrspiels, das, innerhalb einer Tetralogie auf drei Tragödien folgend, eine Persiflage auf einen mythischen Stoff bietet. In dem Stück, auf das Ovid anspielt, trat Achill vermutlich als Liebhaber des Patroklus auf. War es ein Satyrspiel, dann ist mit dem Metrum der jambische Trimeter gemeint. Ursprünglich für den Jambus, die Gattung mit dem Thema »Schimpf und Spott«, verwendet, ist er anders als der Hexameter, der Vers des Heldenepos, der Erhabenheit Achills nicht adäquat.

414 *Aristides:* Er verfasste um 100 v. Chr. eine (verlorene) Sammlung erotischer Novellen, in der er selbst offenbar als Ich-Erzähler oder sogar als handelnde Person auftrat.

416 *Eubios:* In seinem verlorenen Werk dürfte es um Abtreibung gegangen sein.

417 *sybaritische Geschichten: Sybaritika*, von einem Hemitheon von Sybaris verfasste Sammlung erotischer Geschichten, über die wir nichts wissen.

420 *Schenkungen:* Gemeint sind Bibliotheken, die seit der Mitte des 2. Jahrhunderts v. Chr. von vornehmen Römern, darunter dann auch Augustus, gestiftet wurden.

423 *Ennius:* Vgl. Anm. zu V. 259.

425 *Lukrez:* Vgl. Anm. zu V. 261. »Dreigefügt« ist das Universum, weil es sich aus Himmel, Erde und Meer zusammensetzt.

427 *Catull:* römischer Dichter (Mitte 1. Jh. v. Chr.), dessen poetisches Ich in mehreren Gedichten seine Liebe zu einer Lesbia bekennt.

431 *Calvus:* C. Licinius Calvus, mit Catull befreundeter Dichter, dessen Werk ebenso verloren ist wie das der in V. 432–442 aufgezählten zeitgenössischen Poeten Memmius, C. Helvius Cinna, Anser, Cornificius, Valerius Cato, Varro Atacinus (Autor eines Argonautenepos), Hortensius und Servius. Perilla diente offenbar Ticidas und wohl noch einem weiteren Dichter als Deckname für Metella, die als Ehebrecherin berüchtigt war.

443 *Sisenna:* römischer Historiker des 1. Jahrhunderts v. Chr., der die *Milesischen Geschichten* des Aristides (vgl. Anm. zu V. 414) ins La-

teinische übertrug und anscheinend in sein (verlorenes) Geschichtswerk einfügte.

445 *Gallus:* Cornelius Gallus (69/68 – 27/26 v. Chr.), der mit seinen (verlorenen) vier Büchern *Amores* (»Liebeserfahrungen«) die Reihe der römischen Elegiker Tibull (um 55–19/18 v. Chr.; 2 Bücher Liebeselegien), Properz (um 50 – nach 16 v. Chr.; 4 Bücher Liebeselegien) und Ovid (3 Bücher *Amores*) eröffnet.

446 *seine Zunge nicht gezügelt:* vermutlich Anspielung darauf, dass Gallus bei Augustus in Ungnade fiel und von diesem zum Selbstmord gezwungen wurde. Der Anlass für den Bruch der Freundschaft zwischen Princeps und Poet war wohl dessen Verhalten in einer Privatangelegenheit: Gallus zeigte offenbar eine gewisse Loyalität gegenüber dem Grammatiker Q. Caecilius Epirota, nachdem dieser als Lehrer der jungen Frau des engen Augustus-Freundes Agrippa der Unzucht mit ihr verdächtigt und entlassen worden war.

447 *Tibull:* Vgl. Anm. zu V. 445.

465 *Properz:* Vgl. Anm. zu V. 445.

471 *Würfel:* Die Verse 471–496 spielen auf (verlorene) Lehrgedichte mit Themen wie Würfel-, Ball- und Reifenspiel, Schwimmen usw. an. Was zum Würfelspiel gesagt wird – laut Suetons Augustus-Vita (Kap. 71) liebte es der Kaiser –, ist für uns nur teilweise verständlich; sicher ist, dass man Knöchel (V. 473) als Würfel verwendete und mit »Hund« (V. 474) den schlechtesten Wurf bezeichnete. Bei der Wiedergabe von 475 f. folge ich einem brieflich geäußerten Vorschlag Gerlinde Bretzigheimers: »Eine Zahl wird aufgerufen, die nicht auf einem Würfel steht. Wie man ihn dann wirft und wie er nach dem Wurf die Zahl zeigt, wird gelehrt: Hat er z. B. keine 5, muss man ihn so werfen, dass 1 und 4 oder 2 und 3 sichtbar werden.«

497 *Mimen:* Sketche mit komisch-realistischen, zum Teil obszönen Darstellungen von Geschehnissen wohl überwiegend im Sexualbereich, mit Gesang, Musikbegleitung und Tanzeinlagen.

508 *der Prätor:* Hohe Beamte und der Kaiser finanzierten Mimenaufführungen, um sich beim Volk beliebt zu machen.

525 *der Telamonier:* Ajax, der im Zorn darüber, dass die Waffen Achills nach dessen Tod Odysseus zugesprochen werden, wahnsinnig wird.

526 *die ... Mutter:* Vgl. Anm. zu V. 387.

527 *Venus:* Anspielung auf ein (verlorenes) Gemälde des griechischen Malers Apelles von Kos (4. Jh. v. Chr.), das die aus dem Meer (den »mütterlichen Fluten«) geborene und daraus auftauchende Göttin (»Aphrodite Anadyomene«) zeigte.

533 *Verfasser deiner Aeneis:* Vergil (70–19 v. Chr.), der in seinem proaugusteischen Epos in Buch 4 von der Liebesaffäre des Aeneas mit der tyrischen (karthagischen) Königin Dido erzählt. Die *Aeneis* beginnt mit den Worten: *arma virumque cano* (»Von den Waffen und dem Mann singe ich«).

537 *Phyllis:* Sie und Amaryllis treten in Vergils *Bucolica* (»Hirtengedichte«) auf.

539 *mit dieser Art von Literatur:* Gemeint ist die *Ars amatoria.*

542 *als ... Ritter:* Vgl. Anm. zu V. 90.

549 *Fasti:* Ovids elegisches Werk (»Festkalender«) erklärt in je einem Buch ätiologisch die Feste der Römer, bricht aber mit den Ausführungen zum Juni ab.

553 *Tragödie:* Es ist unklar, ob Ovid hier auf die (verlorene) *Medea*, eine laut Seneca d. Ä. und Quintilian von dem Dichter verfasste Tragödie, anspielt, da es dort nicht um »Tyrannen« gegangen sein dürfte; zum Kothurn vgl. Anm. zu V. 393.

555 *geschildert:* Vgl. Anm. zu V. 63.

559 *die wenigen:* Ovid meint die Verse 1,1–4 der *Metamorphosen*, das Proöm. Dort sagt er, er habe sein Werk *ab origine mundi ... ad mea tempora*, nicht *in tua tempora*, also bis in die eigene Zeit, nicht bis in die des Augustus herabgeführt.

568 *Kalliope:* eine der neun Musen.

569 *Quirit:* römischer Bürger.

575 *Ausonien:* Italien.

Tristia 3,1

4 *lehrt zu lieben:* wie die *Ars amatoria.*

8 *das Werk:* Sicherlich ist die *Ars amatoria* gemeint. Zwar war Ovid bei der Abfassung um die vierzig, aber er präsentiert sich hier als Dichter, der die *Ars* in jugendlichem Leichtsinn schrieb.

11 *die Gedichte hinken:* weil der Pentameter mit fünf (Vers-)Füßen kürzer ist als der Hexameter mit seinen sechs.

13 *Zedernöl:* Damit wurde der Papyrus zum Schutz vor Schädlingen eingerieben, und Bimsstein diente zum Abschaben der Schnittflächen einer aufgewickelten Rolle, wodurch man das Zerfasern des Randes zu verhindern suchte.

20 *Wohnsitz:* eine Bibliothek (vgl. Anm. zu V. 63, 69 und 72).

28 *die Straße:* die *Via Sacra,* die zu den Heiligtümern auf dem Kapitol (vgl. Anm. zu *Tristia* 1,3,29) führte.

29 *die Stätte Vestas:* in diesem Tempel (vgl. Anm. zu *Tristia* 2,311) befand sich das Palladium, eine Statue der Athene/Minerva, die dem Mythos zufolge vom Himmel in die Stadt Troja gefallen war.

30 *Numa:* Numa Pompilius, dem Mythos zufolge Roms zweiter König.

31 *Palatin:* einer der sieben Hügel Roms; dort stand das Haus des Augustus.

32 *Stator:* der Tempel des Jupiter Stator in der Nähe des Palatins.

36 *Eichenkranz:* Er hing über dem Eingang zum Haus des Augustus. Dem Kaiser 27 v. Chr. vom Senat verliehen, trug er die Inschrift *ob civis servatos* (»wegen der Rettung der Bürger«).

39 *Lorbeerbäume:* Je einer stand links und rechts vom Eingang zum Haus des Augustus.

42 *dem leukadischen Gott immer lieb:* Apollo. Nahe seinem Tempel in Leukas an der Westküste der Peloponnes siegte Oktavian/Augustus 31 v. Chr. in der Schlacht bei Aktium, wodurch die Bürgerkriege beendet wurden. Im Mythos liebt der Gott vergebens Daphne (griech., »Lorbeer«), die auf der Flucht vor ihm in den immergrünen Lorbeerbaum verwandelt wird (vgl. Ovid, *Metamorphosen* 1,452 ff.).

52 *Irrtum:* Vgl. Nachwort S. 162 f.
60 *des Gottes:* des Augustus.
61 *ausländisch:* Die Säulen waren aus numidischem Marmor.
62 *Beliden:* In der Säulenhalle des Apollotempels auf dem Palatin standen Statuen der 50 Töchter des Danaus, des Sohnes des Belus, denen er im Mythos befiehlt, ihre Ehemänner, die 50 Söhne des Ägyptus, in der Hochzeitsnacht zu töten (nur eine, Hypermestra, lässt ihren Mann am Leben).
63 *wo … zur Einsichtnahme:* Hier ist die unter Augustus neben dem Apollotempel auf dem Palatin errichtete Bibliothek gemeint.
69 *ein anderer Tempel:* eine Bibliothek bei der von Augustus' Schwester Oktavia gestifteten Säulenhalle; in ihrer Nähe stand ein von Oktavias Sohn Marcellus gestiftetes Theater.
72 *Libertas:* Eine Statue dieser Göttin stand in einer Halle, die seit 39 v. Chr. die erste Bibliothek Roms beherbergte.

Tristia 3,8

1 *Triptolemus:* Ceres, die Göttin des Ackerbaus, lässt ihn auf einem Wagen über die Erde fliegen und den Menschen die Landwirtschaft bringen.
3 *Medea:* Zauberin, die nach der Ermordung ihrer Söhne (vgl. Anm. zu *Tristia* 2,387) in einem von Drachen gezogenen Wagen durch die Luft von Korinth nach Athen flieht.
6 *Perseus:* Sohn Jupiters und Danaës (vgl. Anm. zu *Tristia* 2,401), der sich mit Flügelschuhen über der Erde fortbewegen kann.
Dädalus: Er und sein Sohn Ikarus fliehen von der Insel Kreta mit Hilfe von Flügeln, die Dädalus angefertigt hat, wobei Ikarus ins Meer stürzt.

Tristia 3,10

3 *die Sterne:* der Große und der Kleine Bär, die als Polarsternbilder nie untergehen (vgl. Anm. zu *Tristia* 1,3,48).
5 *Sauromaten …:* Völker am Schwarzen Meer.

7 *Hister:* der untere Lauf der Donau.
11 *Boreas:* der Nordwind.
17 *Aquilo:* anderer Name für den Nordwind.
27 *der … Strom:* der Nil.
41 *Leander:* Um die von ihm geliebte Hero treffen zu können, muss er über den Hellespont schwimmen (vgl. Ovid, *Epistulae Heroidum* 18 und 19).
73 *Akontius:* Er lässt der von ihm geliebten Kydippe einen Apfel vor die Füße rollen, in der er den Schwur, sie werde ihn heiraten, eingeritzt hat. Als sie den Text laut gelesen hat, muss sie den nunmehr getanen Schwur halten (vgl. Ovid, *Epistulae Heroidum* 20 und 21).

Tristia 4,1

15 *Achill:* Vgl. Anm. zu *Tristia* 2,373.
16 *hämonisch:* thessalisch.
17 *Orpheus:* der thrakische Sänger, der mit dem Versuch, seine Frau aus dem Hades zurückzuholen, scheitert und in seinem Kummer so zauberhaft singt, dass wilde Tiere, Bäume und Felsen ihm folgen (Ovid, *Metamorphosen* 10,1 ff.).
23 *Irrtum:* Vgl. Nachwort S. 162 f.
28 *Pïeriden:* die Musen, neun Schwestern.
31 *dulichisch:* Vgl. Anm. zu *Tristia* 1,5,57. Anspielung auf eine Episode des Odysseus-Mythos, in der die Gefährten die Lotusfrucht essen und deshalb ihre Heimat vergessen (Homer, *Odyssee* 9,82 ff.).
41 *Bacchantin:* Frau in einer Schar von Verehrerinnen des Weingottes Bacchus. Sie ziehen im Mythos in ekstatischem Rausch über die edonischen (thrakischen) Berge.
43 *Thyrsus:* von den Bacchantinnen getragener, von Weinlaub oder Efeu umrankter Stab mit einem Pinienzapfen an der Spitze.
47 *Lethe:* Fluss in der Unterwelt, aus dem die Toten Vergessen trinken.
50 *Helikon:* den Musen heiliger Berg in Böotien.
60 *Euxinus:* Vgl. Anm. zu *Tristia* 2,197.

63 *die Fäden meiner Geburt:* die Fäden der drei Parzen (Schicksalsgöttinnen), die durch Bemessung der Fadenlänge einem Menschen seine Lebensdauer zuweisen.

Tristia 4,10

3 *Sulmo:* heute Sulmona (in einem Hochtal der Abruzzen).
6 *beide Konsuln:* C. Vibius Pansa und A. Hirtius, die 43 v. Chr. in der Schlacht bei Mutina fielen.
13 *fünf Feste ... der Minerva:* die Quinquatrien vom 19. bis 23. März. Ab dem 20. März, dem Geburtstag Ovids, wurden Gladiatorenkämpfe veranstaltet.
22 der *Mäonide:* Homer (vgl. Anm. zu *Tristia* 2,377).
23 *Helikon:* Vgl. Anm. zu *Tristia* 4,1,50.
28 *die Toga der Freigeborenen:* die *toga virilis* (»Männertoga«), die freigeborene Römer mit etwa 16 erstmals anlegten. Standen sie vor der Ämterlaufbahn, hatte diese Toga den breiten Purpurstreifen der Toga eines Senators.
34 *Triumvirat:* Vgl. Anm. zu *Tristia* 2,94.
35 *Kurie:* Versammlungsort des römischen Senats, in den Ovid also hätte aufgenommen werden können.
39 *die aonischen Schwestern:* die Musen (aonisch ist böotisch; vgl. Anm. zu *Tristia* 4,1,50).
44 *Macer:* Aemilius Macer, Verfasser von (verlorenen) Lehrgedichten über Verwandlungen von Menschen in Vögel (*Ornithogonia*) und die Heilung von Schlangenbissen (*Theriaca*).
45 *Properz:* Vgl. Anm. zu *Tristia* 2,445.
47 *Ponticus:* Epiker, dessen Œuvre verloren ist.
Bassus: Autor verlorener Jamben (Spottgedichte).
49 *Horaz:* hier als der Dichter der Oden in verschiedenen Metren (65–8 v. Chr.).
50 *ausonisch:* italisch.
51 *Vergil:* Vgl. Anm. zu *Tristia* 2,533.
Tibull: Vgl. Anm. zu *Tristia* 2,445.
53 *Gallus:* Vgl. Anm. zu *Tristia* 2,445.

56 *Thalia:* Muse der Komödie, aber für Ovid auch der Elegie.
60 *Corinna:* die Geliebte des »ich« sagenden Elegikers in Ovids *Amores.*
65 *Cupido:* der Liebesgott Amor.
78 *Lustren:* Ein *lustrum* ist ein Zeitraum von fünf Jahren.
88 *stygisch:* Adjektiv zu Styx, einem der Flüsse in der Unterwelt. Gemeint ist also das Forum im Hades, dessen Existenz hier vorausgesetzt wird.
90 *Irrtum:* Vgl. Nachwort S. 162 f.
91 *Manen:* die Seelen der Verstorbenen.
95 *der pisäische Ölzweig:* Siegespreis bei den Spielen in Olympia in der Landschaft Pisa. Zwischen den Spielen setzt Ovid einen Zeitraum von fünf statt vier Jahren an.
97 *Euxinus:* Vgl. Anm. zu *Tristia* 2,197.

Tristia 5,7

2 *Hister:* der untere Lauf der Donau.
11 *Grajer:* Griechen.
32 *Pïeriden:* Musen.
35 *euböische Fluten ... kapherëische Gewässer:* Am Kap Kaphereus an der südöstlichen Spitze der Insel Euböa scheiterte die griechische Flotte bei der Heimkehr von Troja.
61 *ausonisch:* lateinisch.

Ex Ponto 1,8

2 *Severus:* vermutlich Cornelius Severus, ein in *Ex Ponto* 4,16,9 genannter und wohl auch ebd. in 4,2 als Adressat angesprochener Dichter.
11 *eine alte Stadt:* Aegisos (heute Tulcea), im Dakerkrieg 12 n. Chr. von den Geten erobert, von Kotys (?), dem König der in Thrakien lebenden Odrysier, zurückgewonnen.
der doppelnamige Hister: Die Donau wurde in ihrem unteren Lauf auch Hister genannt.

24 *Mars:* Der Kriegsgott galt als Vater des Stadtgründers Romulus und dessen Zwillingsbruders Remus.
Caesar: Augustus (vgl. Anm. zu *Tristia* 1,3,5).
27 *stygisch:* Vgl. Anm. zu *Tristia* 4,10,88.
28 *Plejaden:* Siebengestirn, dessen abendlicher Aufgang gegen Ende September den Beginn des Herbstes anzeigt.
37 *Campus:* das Marsfeld.
38 *Teich:* das *stagnum* des Agrippa, das durch die *Aqua Virgo* (»Wasser der Jungfrau«), eine Wasserleitung, gespeist wurde und durch den *Euripus* genannten Kanal mit dem Tiber verbunden war.
39 *Doch es ist, glaube ich, nicht so, dass ...:* Das *sic* im Original bewirkt die Ironie des Originals, die in der Übersetzung durch eine hinzugefügte Verneinung besser zum Ausdruck kommt. Es gab die milde Form eines Exils nahe der Hauptstadt Rom auf dem Land, aber nicht einmal die dort zu genießenden Freuden gewährt Ovids Verbannungsort.
42 *auf pälignischem Boden:* Aus dem Pälignerland in den Abruzzen stammte Ovid, der dort wohl ein Landgut besaß.
44 *Via Flaminia ... Via Clodia:* Dort, wo die beiden Straßen sich außerhalb Roms vereinigten, lagen offenbar Güter Ovids.
64 *die Schicksalsgöttinnen:* vgl. Anm. zu *Tristia* 4,1,63.
67 *albanische Felder:* Severus besaß anscheinend in den Albaner Bergen (beim heutigen Castel Gandolfo) ein Landgut.
68 *Via Appia:* wichtigste Straße von Rom nach Süditalien.

Ex Ponto 2,10

2 *Macer:* vermutlich Pompeius Macer, ein Epiker und vielleicht Verwandter der Frau Ovids, mit dem er diesem Gedicht zufolge eine Reise durch Kleinasien und Sizilien unternahm.
12 *Kunst:* beim Schreiben angewandte Kunst, aber hier auch Anspielung auf die *Ars amatoria.*
13 *was vom ewigen Homer noch übrig ist:* Macer bearbeitete den Teil der Sage vom Kampf um Troja, der an das in der *Ilias* erzählte Geschehen anschließt.

21 *Asien:* Kleinasien.
22 *Trinakris:* Sizilien.
23 *Ätna:* Im Mythos verursacht seine Ausbrüche ein unter dem Berg liegender feuerspeiender Gigant (Typhon oder Enkeladus).
25 *Henna:* Stadt in der Mitte Siziliens.
Palikus: einer von zwei stark nach Schwefel riechenden Kraterseen in Sizilien.
26 *Kyane:* Nebenfluss des Anapus; Kyane und Anapus sind im Mythos ein Paar.
27 *die Nymphe:* Arethusa, die von Alpheios, dem Flussgott von Elis auf der Peloponnes, unter dem Meer hindurch bis zur Insel Ortygia bei Syrakus verfolgt und in eine Quelle verwandelt wird, worauf er sein Wasser mit ihrem vermischt.
45 *unter dem Pol:* dem Nordpol; vgl. Anm. zu *Tristia* 1,3,48 und 3,10,3.

Ex Ponto 3,2

1 *Cotta:* M. Aurelius Cotta Maximus Messalinus, Sohn des M. Valerius Messalla Corvinus; er wurde von der Familie der Aurelier adoptiert und war 20 n. Chr. Konsul.
18 *den feindlichen Göttern:* Gemeint ist Augustus mit seiner Familie.
33 *Theseus:* Vgl. Anm. zu *Tristia* 1,3,66 und 1,5,19.
er, der Orest begleitete: Pylades (vgl. Anm. zu *Tristia* 1,5,21).
44 *Pontus:* das Schwarze Meer.
Hister: der untere Lauf der Donau.
48 *die Schwester des Phöbus:* Diana.
59 *mäotisch:* die Mäotis ist heute das Asowsche Meer.
60 *Euxinus:* das Schwarze Meer (vgl. Anm. zu *Tristia* 2,197).
62 *Iphigenie:* Ihr Vater Agamemnon soll sie der ihm zürnenden Diana opfern, aber diese ersetzt sie während der Opferhandlung durch eine Hirschkuh und entrückt sie zu den Tauriern.
64 *Phöbe:* Diana.
71 *Trivia:* Diana.
73 *grajisch:* griechisch.

101 *die ausonische Stadt:* Rom.
105 *Volesus:* Er ist der Urahn der Familie der Valerier (vgl. Anm. zu V. 1).
106 *Numa:* Numa Pompilius, Roms zweiter König.

Ex Ponto 4,13

1 *Carus:* ein Dichter, der die Söhne des Germanicus (vgl. Anm. zu V. 31) erzog, darunter wohl auch den späteren Kaiser Caligula.
11 *Kräfte … als des Herkules würdig:* Vermutlich hatte Carus ein poetisches Werk über Herkules verfasst.
15 *Thersites:* Grieche in Homers *Ilias*, der als besonders hässlich dargestellt wird. Sein Gegenteil ist der schöne Nireus.
27 *er:* Tiberius, der sich dem Senat gegenüber nach dem Tod des Augustus mehrmals weigerte, dessen Nachfolge als Kaiser anzutreten.
29 *Vesta:* die Göttin des Herds.
Livia: Frau des Augustus und Mutter des Tiberius.
31 *zwei junge Männer:* Tiberius' Sohn Drusus und sein Neffe und Adoptivsohn Germanicus.
37 *Caesar:* Tiberius, der neue Kaiser (14 – 37 n. Chr.).
40 *als Relegierten:* Vgl. Nachwort S. 162.
Pol: Vgl. Anm. zu *Ex Ponto* 2,10,45.
45 *latisch:* latinisch: römisch.
47 *Göttersöhne:* Vgl. Anm. zu V. 1.

Literaturhinweise

Textkritische Ausgaben

[T = Text, Ü = Übersetzung, K = Kommentar]

Owen, S. G. (Hrsg.): P. Ovidi Nasonis Tristium libri quinque Ibis Ex Ponto libri quattuor Halieutica Fragmenta. Oxford: Clarendon, 1915. [T]

Richmond, J. (Hrsg.): P. Ovidi Nasonis Ex Ponto libri quattuor. Leipzig: Teubner, 1990. [T]

Hall, J. B. (Hrsg.): P. Ovidi Nasonis Tristia. Stuttgart/Leipzig: Teubner, 1995. [T]

Kommentare

Luck, G.: P. Ovidius Naso, Tristia. Hrsg., übers. und erkl. 2 Bde. Heidelberg 1967–77. [T, K, Ü]

Owen, S. G.: Tristium liber secundus. Ed. with an Introd., Transl. and Comm. Oxford 1924. Nachdr. Amsterdam 1967. [T, K, Ü]

Ciccarelli, J.: Commento al II libro di Tristia di Ovidio. Bari 2003. [K]

Ingleheart, J.: A Commentary on Ovid, Tristia, Book 2. Oxford 2010. [T, K, K]

Staffhorst, U.: Publius Ovidius Naso: Epistulae ex Ponto III 1–3 (Kommentar). Diss. Würzburg 1965. [K]

Helzle, M.: Ovids Epistulae ex Ponto. Buch I–II. Kommentar. Heidelberg 2003. [K]

Gaertner, J. F.: Ovid: Epistulae ex Ponto, Book 1. Ed. with Introd., Transl. and Comm. Oxford 2005. [T, K, Ü]

Galasso, L.: P. Ovidii Nasonis Epistularum ex Ponto liber II. Florenz 1995. [K]

Helzle, M.: Publii Ovidii Nasonis Epistularum ex Ponto liber IV. A Commentary on Poems 1 to 7 and 16. Hildesheim 1989. [K]

Zweisprachige Ausgabe

Publius Ovidius Naso: Briefe aus der Verbannung. *Tristia. Epistulae ex Ponto.* Lat./ dt. Übertr. von W. Willige. Eingel. und erl. von N. Holzberg. Mannheim [5]2011. (Sammlung Tusculum.) [T, Ü]

Untersuchungen

Albrecht, M. von: Ovid. Eine Einführung. Stuttgart 2003. (Reclams Universal-Bibliothek. 17641).

Amann, M.: Komik in den *Tristien* Ovids. Basel 2006.

Barchiesi, A.: The Poet and the Prince. Ovid and Augustan Discourse. Berkeley 1997.

– Teaching Augustus through Allusion. In: Ders.: Speaking Volumes: Narrative and Intertext in Ovid and Other Latin Poets. London 2001. S. 79–103.

Boyd, B. W. (Hrsg.): Brill's Companion to Ovid. Leiden [u. a.] 2002.

Bretzigheimer, G.: Exul ludens. Zur Rolle von *relegans* und *relegatus* in Ovids *Tristien.* In: Gymnasium 98 (1991) S. 39–76.

Claassen, J.-M.: Ovid Revisited: The Poet in Exile. London 2008.

Coroleu Oberparleiter, V. / Petersmann, G. (Hrsg.): Exil und Literatur. Interdisziplinäre Konferenz anlässlich der 2000. Wiederkehr der Verbannung Ovids. Salzburg 2010.

Doblhofer, E.: Ovids Spiel mit Zweifel und Verzweiflung: Stilistische und literartypologische Betrachtungen zu *Tristia* und *Ex Ponto.* In: Würzburger Jahrbücher für die Altertumswissenschaft 4 (1978) S. 121–141.

– Ovids Abschied von Rom. – Versuch einer Modellinterpretation von *Tristia* 1,3. In: Der Altsprachliche Unterricht 23,1 (1980) S. 81–97.

– Ovids Exilpoesie – Mittel, Frucht und Denkmal dichterischer Selbstbehauptung. In: Der Altsprachliche Unterricht 23,1 (1980) S. 59–80.

– Exil und Emigration. Zum Erlebnis der Heimatferne in der römischen Literatur. Darmstadt 1987.

Drucker, M.: Der verbannte Dichter und der Kaiser-Gott. Studien zu Ovids späten Elegien. Diss. Heidelberg 1977.

Ehlers, W.-W.: Poet und Exil. Zum Verständnis der Exildichtung Ovids. In: Antike und Abendland 34 (1988) S. 144–157.

Fairweather, J.: Ovid's Autobiographical Poem, *Tristia* 4.10. In: The Classical Quarterly 37 (1987) S. 181–196.

Fitton Brown, A. D. (1985): The Unreality of Ovid's Tomitan Exile. In: Liverpool Classical Monthly 10 (1985) S. 18–22.

Florian, K. (2007): Ovids Jahre am Pontus. Eine diachronische Analyse der *Tristien* und *Epistulae ex Ponto* als ein frühes Beispiel europäischer Exilliteratur. Innsbruck [u. a.] 2007.

Fränkel, H.: Ovid: A Poet Between Two Worlds. Berkeley (CA) [u. a.] 1945. – Dt.: Ovid – ein Dichter zwischen zwei Welten. Darmstadt 1972.

Fredericks, B. R.: Tristia 4.10: Poet's Autobiography and Poetic Autobiography. In: Transactions of the American Philological Association 106 (1976) S. 139–154.

Frings, I.: Das Spiel mit eigenen Texten. Wiederholung und Selbstzitat bei Ovid. München 2005. (Zetemata. 124).

Gibson, B. J.: Ovid on Reading: Reading Ovid. Reception in Ovid, *Tristia* II. In: The Journal of Roman Studies 89 (1999) S. 19–37.

Hardie, P. (Hrsg.): The Cambridge Companion to Ovid. Cambridge 2002.

– Ovid's Poetics of Illusion. Cambridge 2002.

Harzer, F.: Ovid. Stuttgart [u. a.] 2002.

Hinds, S.: Booking the Return Trip: Ovid and *Tristia* 1. In: Proceedings of the Cambridge Philological Society 31 (1985) S. 13–32.

Holzberg, N.: Ovid. Dichter und Werk. München ^{3}2005.– Engl. Orig.: Ovid: The Poet and His Work. Ithaca (NY) 2002.

Ingleheart, J. (Hrsg.): Two Thousand Years of Solitude: Exile after Ovid. Oxford 2011.

Janka, M. / Schmitzer. U. / Seng, H. (Hrsg.): Ovid. Werk – Kultur – Wirkung. Darmstadt 2007.

Knox, P. E. (Hrsg.): Oxford Readings in Ovid. Oxford 2006.

– A Companion to Ovid. Chichester/Malden (MA) 2009.

Kraus, W.: Ovidius Naso. In: Paulys Realencyclopädie der classischen Altertumswissenschaft XVIII 2, 1942, Sp. 1910–86. Auch in: M. von Albrecht / E. Zinn (Hrsg.): Ovid. Darmstadt 1968. (Wege der Forschung. 92). S. 67–166.

Lütkemeyer, S.: Ovids Exildichtung im Spannungsfeld von Ekloge und Elegie. Eine poetologische Deutung der *Tristia* und *Epistulae ex Ponto*. Frankfurt a. M. [u. a.] 2005.

McGowan, M. M.: Ovid in Exile: Power and Poetic Redress in the *Tristia* and *Epistulae ex Ponto*. Leiden [u. a.] 2009.

Martin, J. A.: Was ist Exil? Ovids *Tristia* und *Epistulae ex Ponto*. Hildesheim [u. a.] 2004.

Nagle, B. R.: The Poetics of Exile. Program and Polemic in the *Tristia* and *Epistulae ex Ponto* of Ovid. Brüssel 1980.

Podossinov, A.: Ovids Dichtung als Quelle für die Geschichte des Schwarzmeergebiets. Konstanz 1987.

Schmitzer, U.: Ovid. Hildesheim [u. a.] 2001. (Studienbücher Antike. 7).

Schönbeck, H.-P.: Augustus als pater patriae und pater familias im zweiten Tristienbuch des Ovid. In: Hermes 126 (1998) S. 454–465.

Schubert, W. (Hrsg.): Ovid. Werk und Wirkung. Festgabe für M. von Albrecht zum 65. Geburtstag. 2 Bde. Frankfurt a. M. [u. a.] 1999.

Stroh, W.: Tröstende Musen: Zur literarhistorischen Stellung und Bedeutung von Ovids Exilgedichten. In: Aufstieg und Niedergang der Römischen Welt II 31,4 (1981) S. 2638–84.

Thibault, J. C.: The Mystery of Ovid's Exile. Berkeley 1964.

Thraede, K.: Grundzüge griechisch-römischer Brieftopik. München 1970.

Volk, K.: Ovid. Chichester/Malden (MA) 2010. – Dt.: Ovid. Dichter des Exils. Mainz 2012.

Williams, G. D.: Banished Voices. Readings in Ovid's Exile Poetry. Cambridge 1994.

– / Walker, A. D. (Hrsg.): Ovid and Exile. Victoria 1997. (Ramus 26,1.)

Wulfram, H: Das römische Versepistelbuch. Eine Gattungsanalyse. Berlin 2008.

Ziolkowski, T.: Ovid and the Moderns. Ithaca (N. Y.) 2005.

Nachwort

Eine der Exilelegien Ovids, die für die vorliegende Bilingue ausgewählt wurden, enthält seine Autobiographie: *Tristia* 4,10 von 12/13 n. Chr. Daraus geht hervor, dass Publius Ovidius Naso, wie er mit vollem Namen hieß, am 20. März 43 v. Chr. in Sulmo im Pälignerland als Angehöriger eines alten Rittergeschlechts zur Welt kam. Was uns sonst noch an Fakten geboten wird, ist nicht viel. Nach dem Rhetorikstudium in Rom und der Ausübung unterer Ämter in der Administration der Stadt habe er, so schreibt der Dichter, die sich ihm eröffnende senatorische Laufbahn nicht eingeschlagen, sondern sich ganz auf das Versemachen verlegt; mit Hilfe ausreichender finanzieller Mittel konnte er sich das offenbar leisten. Über sein Privatleben in Rom erfahren wir lediglich, dass er dreimal verheiratet war, eine Tochter und von ihr zwei Enkel hatte; außerdem berichtet er vom Tod seiner Eltern. Hinsichtlich seiner literarischen Tätigkeit begnügt er sich mit der Nennung einer Reihe von Kollegen im poetischen Fach, mit denen er zum Teil befreundet war, und mit Bemerkungen nur zum ersten seiner zahlreichen Werke, der seit etwa 25 v. Chr. entstandenen Elegiensammlung *Amores*. Während er sich dort mit der Stimme des jugendlichen Liebhabers hatte vernehmen lassen, spricht er nunmehr in der Situation, in der er sich seit 8 n. Chr. befindet und die für ihn einen denkbar krassen Kontrast zu seinen frühen Jahren darstellt: in der des Verbannten, der in Tomi am Schwarzen Meer (in der Gegend des heutigen Costanza) wohnen muss. Für ihn bedeutet das die Vorwegnahme seines Todes, und er ist dann auch, da ihm die Rückkehr nach Rom nicht gestattet wurde, sehr wahrscheinlich an seinem Exilort gestorben (um 17 n. Chr).

Als der Dichter verbannt wurde, war er 50 Jahre alt. Aus Andeutungen in den *Tristia* und *Epistulae ex Ponto* hat man als ungefähren Zeitpunkt der durch ein Edikt des Kaisers Augustus befohlenen Exilierung den Herbst des Jahres 8 n. Chr. errechnet. Ovid informiert uns über die Bestimmungen des Verbannungsurteils – es verfügte lebenslängliche *relegatio* (»Verweisung«), die dem Dichter Vermögen und Bürgerrecht beließ (*Tristia* 2,129 f.; 137; 5,56–58) –, macht aber nur vage Angaben zur Ursache der Bestrafung: Seine *crimina* (»Vergehen«) seien ein *carmen* (»Gedicht«) – laut *Tristia* 2,211 ff. die *Ars amatoria* (»Liebeskunst«) – und ein *error* (»Irrtum«) gewesen. Dieser bestand offenbar in dem versehentlichen Zuschauen bei einem Delikt, dessen Zeuge Ovid nicht hätte sein dürfen, keineswegs in einer Untat gegen Augustus; für den Princeps wäre es allerdings schmerzlich gewesen, an den Vorfall erinnert zu werden (*Tristia* 2,207 ff.). Dass dieser von Ovid verschwiegen wird – vermutlich lieferte, was da geschehen war, den eigentlichen Anlass für die *relegatio*, und die Abfassung der *Ars*, die schon etwa acht Jahre zurücklag, wurde nur »zur Bestätigung« als *crimen* bezeichnet –, weckt natürlich die Neugier des Lesers, und man hat sich auch immer wieder eifrig bemüht, Licht in das Dunkel zu bringen. Es lässt sich jedoch nur eines sagen: Da Julia, die Enkelin des Augustus, zur selben Zeit wie der Dichter verbannt wurde, ist zu vermuten, dass beide Strafmaßnahmen aus verwandten Gründen erfolgten, so dass bei Ovid an einen *error* zu denken wäre, der als politisches Vergehen ausgelegt werden konnte; möglicherweise erregte Ovid durch (unbeabsichtigtes?) Fehlverhalten im Zusammenhang mit dem Bestreben des Augustus, die Sicherung der Romherrschaft für seine Dynastie zu regeln, dessen Zorn.

In den Exilelegien sind die Hauptthemen die permanente Klage des Ich-Sprechers über seine für ihn unerträgliche Lage in Tomi, das er als einen von wilden Barbaren bewohnten und fast ständig von Kälte heimgesuchten Ort darstellt, und die wiederholte Bitte an Augustus, den von ihm Relegierten wenn schon nicht nach Rom, so doch in eine angenehmere Gegend als die am Schwarzen Meer übersiedeln zu lassen. Vieles davon liest sich bei erstem Hinsehen so, als rede der reale Autor in eigener Sache, und im Kern mag das auch zutreffen. Aber Ovids poetisches Ego, das sich in *Tristia* 3,3,71 ff. wünscht, in der Grabinschrift als »spielfreudiger Dichter von Geschichten über zarte Liebe« (*tenerorum lusor amorum*) charakterisiert zu werden, treibt auch mit der Verbannungssituation bis zu einem gewissen Grade ein literarisches Spiel. Die Exilelegien evozieren in Anknüpfung an das Genre der erotischen Elegie ein für diese typisches Szenario: das Klagen des von seiner Geliebten nachts nicht in deren Haus eingelassenen und auf der Türschwelle schmachtenden Liebhabers, das jetzt, wie folgt, abgewandelt ist: Am Betreten Roms gehindert, fleht der Verbannte den unerbittlich zürnenden Kaiser, der für die hartherzige Geliebte steht, um Gnade an. Augustus ist zudem die Rolle eines Gottes zugewiesen, der einen epischen Helden seinen Zorn spüren lässt, so dass der Relegierte sich als Odysseus und Aeneas stilisieren kann. Auch mit dem griechisch-römischen Mythos hat Ovid in seinen vor der Verbannung verfassten Werken immer wieder gespielt, besonders kunstvoll in den *Metamorphosen*.

Die neun Bücher der sich größtenteils als Briefe gebenden Exilgedichte wollen in der Reihenfolge gelesen sein, in der sie überliefert sind. Denn sie zeichnen zunächst die Reise des Verbannten Richtung Tomi nach (*Tristia* Buch 1) und vergegenwärtigen dann, wie er, nachdem er in einer vom Exilort aus an Augustus adressierten langen Elegie die mit der *relegatio* zusammenhängenden Probleme en bloc angesprochen hat (*Tristia* Buch 2), sich mit der neuen Umgebung bekannt macht (*Tristia* Buch 3). Das hiermit gelegentlich verbundene Berichten über einzelne Erlebnisse in Tomi tritt von nun an hinter dem Klagen und dem Anflehen des Kaisers zurück. Immerhin erfahren wir ab Buch 5 der *Tristia* in einigen Gedichten, die quer über dieses Buch und die Sammlung der *Epistulae ex Ponto* verteilt sind, von Kontakten des Verbannten mit den Einheimischen, seinem Bemühen um das Erlernen des Getischen und schließlich sogar von seiner Poesie in dieser Sprache.

Aus den Erwähnungen der einander abwechselnden Jahreszeiten ergibt sich, dass die Bücher 3–5 der *Tristia* jeweils rund ein Jahr des Lebens in Tomi widerspiegeln, also zusammen die dreimal zwölf Monate von Frühling 9 bis Frühling 12 n. Chr. Das muss jedoch nicht bedeuten, dass Ovid diese Sammlung buchweise publizierte; sie wirkt eher wie eine Gesamtkomposition. Um eine solche handelt es sich auf jeden Fall bei *Ex Ponto* Buch 1–3. Darin ist mehrfach vom Triumph des Tiberius am 16. Januar 13 n. Chr. die Rede (2,1; 2; 5; 3,1; 3; 4), was darauf hinweist, dass die Buchtriade vermutlich nicht lange nach diesem Ereignis erschien. In Buch 4 dagegen, das wohl später publiziert wurde, finden sich Anspielungen auf Begebenheiten von Ende 13 (4) bis Sommer 16 (9), also auf einen längeren Zeitraum.

Da das innerhalb der beiden Elegiensammlungen ebenso ungewöhnlich ist wie der (überdurchschnittlich große) Umfang von 930 Versen, nimmt man allgemein an, dieses Buch sei von irgendjemandem postum zusammengestellt worden.

Eine Auswahl aus den *Tristia* und *Epistulae ex Ponto*, wie sie hier vorgelegt wird, kann immerhin einen Eindruck davon vermitteln, wie Ovid in einer Art »Briefroman« – Vorbilder dafür fand er bei den Griechen, z.B. im Korpus der unter Platons Namen überlieferten Sendschreiben – zunächst seine Reise ans Schwarze Meer und dann die Jahre seines Aufenthalts in Tomi sukzessive vergegenwärtigt und reflektiert. Denn die in diese Bilingue aufgenommenen Elegien repräsentieren markante Punkte in der Chronologie der von dem Relegierten gemachten Erfahrungen. Die 13 Gedichte sollen nun im Werkkontext betrachtet werden, so dass die jeweilige Kurzinterpretation mit einer Übersicht über die beiden Elegiensammlungen verbunden werden kann.

Nachdem man in *Tristia* 1,1 gelesen hat, dass der Ich-Sprecher verbannt wurde und offenbar unterwegs zum Exilort ist, aber kaum etwas darüber, wo dieser Ort liegt und wie Augustus die Exilierung begründete, verfolgt man gespannt die zwischen Reisebericht und Reflexion abwechselnde Reihe der Elegien in Buch 1 der *Tristia*. Wie gesagt, der relegierte Dichter stilisiert sich in gewisser Weise als Odysseus und Aeneas, und das beginnt bereits damit, dass er durch die Anordnung der Gedichte 1,1–3 auf die Erzählstruktur der Bücher 5–12 in Homers *Odyssee* und der Bücher 1–3 in Vergils *Aeneis* anspielt: Wie wir dort dem jeweiligen Helden erstmals mitten in der Serie seiner Abenteuer begegnen – beide haben Troja längst verlassen und befinden sich auf einer der Stationen ihrer Irrfahrt –, so spricht in *Tristia* 1,1 und 2 Ovids poetisches Ich als Passagier des Schiffes, das ihn nach Tomi trägt, und schildert einen Sturm auf dem Meer; in einen solchen ist der Dichter ebenso geraten wie Odysseus bei Homer in Buch 5, dem Anfang der (an die Telemachie anschließenden) Odysseus-Handlung, und Aeneas bei Vergil in Buch 1. Wie beide Protagonisten später selbst erzählen, was vorher war – Odysseus in Buch 9–12, Aeneas in Buch 2 und 3 –, so lässt uns der Ich-Sagende der *Tristia* in Elegie 1,3 rückblickend seinen Abschied von den Seinen in Rom miterleben. Während er uns in diesem Gedicht die letzte Nacht des Aeneas in Troja ins Gedächtnis ruft, auch durch Anlehnung an den pathetischen Stil der Ich-Erzählung des Helden in Vergils Buch 2, identifiziert er sich in 1,5 mit Odysseus, indem er einen längeren Vergleich zwischen sich und dem laut Homer »vielduldenden« Irrfahrer anstellt (V. 57–84).

Eine Irrfahrt – oder besser gesagt: eine Reise ins Ungewisse – unternimmt auch der verbannte Dichter, zumindest aus der Sicht des Lesers von Buch 1 der *Tristia*. Denn in Elegie 11, der letzten des Buches, die wir uns vermutlich kurz vor der Ankunft am Exilort verfasst denken sollen, weiß man über diesen auch nicht viel mehr als am Anfang. Der Sprecher gibt uns also Rätsel auf, und das erinnert an eine fiktionale Ich-Erzählung. Eine solche evoziert der Dichter auch, wenn er den Sturm, in den er laut *Tristia* 1,2 und 4 geriet, nicht realistisch, sondern mit Hilfe epischer Topoi, also mehr aus der Sicht des Dichters als der des Exilierten schildert. In Buch 2, der Augustus-Elegie, wird dann zwar einiges über Tomi sowie die Verbannungsursachen verraten, aber die wahrscheinlich primäre, der *error*, bleibt, wie gesagt, weitgehend im Dunkeln, während die Auseinandersetzung mit dem Vorwurf, der Dichter sei in seiner *Liebeskunst* ein Lehrer des Ehebruchs (V. 211ff.), ungefähr die Hälfte des Textes beansprucht. Auch hier redet mithin vor allem der Autor von Poesie, denn der Abschnitt über die *Ars* liest sich wie eine Poetik des bisherigen ovidischen Schaffens. Bei der Lektüre verliert man das andere *crimen* ganz aus den Augen, neigt also dazu, in dem Dichter in erster Linie oder sogar nur ein Opfer von Augustus' Fehlinterpretation eines der Werke zu sehen, und gerät so zwangsläufig in den Bann eines Mythos vom ungerecht behandelten Künstler. Mit diesem Mythos ergänzt Ovid effektvoll denjenigen des neuen Odysseus, der, vom Zorn des »Gottes« verfolgt und dabei von einem Sturm heimgesucht, zu einem Land fern der Heimat gelangt ist.

Die Elegie, die der sich rechtfertigende Dichter an Augustus richtet, besteht aus immerhin 578 Versen. Man sollte also, wenn man nicht weiß, wie es weiterging mit dem so hart Bestraften, allein schon vom enormen Umfang des Textes her erwarten, dass der Appell an den Herrscher wenigstens irgendeinen Effekt hat, zumal der Ich-Sagende am Ende nur um das Überwechseln an einen angenehmeren Exilort, also nicht um Rückholung nach Rom bittet. Doch sogar in die Hauptstadt kommt zu Beginn von Buch 3 jemand aus Tomi, freilich nicht der Verbannte, sondern sein Buch, das er das erste Gedicht sprechen lässt. Da es in eine der Bibliotheken Roms aufgenommen werden möchte – das wird ihm dann verwehrt –, begibt es sich an mehrere Orte der Stadt, über die es uns einzelne Angaben macht. Das evoziert eindeutig eine Passage in der *Ars amatoria*, wo der Liebeslehrer Stätten aufzählt, an denen sein Schüler eine junge Frau kennenlernen kann (1,67ff.). Eine davon ist die Säulenhalle des Apollotempels auf dem Palatin, neben dem sich das Haus des Augustus befand. Dort waren Statuen der 50 Töchter des Danaus, die (bis auf eine) in der Brautnacht ihre Männer, die Söhne des Ägyptus, töteten, sowie das Standbild ihres Vaters aufgestellt. Dazu schreibt Ovid in der *Ars* (1,74):

stricto stat ferus ense pater
(mit gezücktem Schwert steht der grimmige Vater da).

Auch das personifizierte Buch 3 der *Tristia* redet von dieser Statue, noch dazu mit nahezu denselben Worten (3,1,62), und das wirkt provokant, da Ovid aus dem Werk »zitiert«, dessen Abfassung er in *Tristia* Buch 2 als einen der beiden Gründe für seine Exilierung genannt hat. In seinem literarischen Spiel geht er also sogar so weit, den Kaiser, den er sonst oft wie einen Gott anfleht, in gewisser Weise zu brüskieren, wenn auch nur zwischen den Zeilen. Schon der evozierte *Ars*-Vers könnte in diese Richtung zielen. Denn Augustus hatte etwa 18 Jahre vor der Publikation der *Liebeskunst* Gesetze zum Schutz der Ehe erlassen, und als das Werk herauskam, hatte er gerade seine Tochter Julia verbannt, weil ihr Verstöße gegen diese Gesetze zur Last gelegt worden waren. Und so mag man bei dem Vater mit dem Schwert in der Portikus auf dem Palatin an den Vater im Haus daneben denken, der grimmig auf die jungen Römer bei deren Suche nach einer Partnerin für freie Liebe schaut. In *Tristia* 3,1,62 jedenfalls kommt man gar nicht umhin, den mit der Waffe drohenden *pater* mit dem *pater patriae* (»Vater des Vaterlandes«) gleichzusetzen, da im Kontext des Verses das Buch auch von der Aufnahme in die Bibliothek auf dem Palatin ausgeschlossen wird.

Buch 3 der *Tristia*, das, von je einem poetologischen Gedicht – dem gerade betrachteten und Nr. 14 – gerahmt, durch ein weiteres dieser Art (7) in zwei Hälften gegliedert wird, gewährt zunächst vor allem Einblick in das Seelenleben des Verbannten (2–6) und dann in die Zustände am Exilort (8–13). Den Auftakt zu dem zweiten Thema liefert V. 37f. von 3,8, wo der Sprecher sagt:

> *cumque locum moresque hominum cultumque sonumque / cerno, …*
> (wenn ich den Ort, die Sitten der Menschen, ihre Lebensweise und ihre Laute wahrnehme, …).

Das ist Anspielung auf einen berühmten Vers aus dem Proömium zu Homers *Odyssee* (1,3):

> πολλῶν δ' ἀνθρώπων ἴδεν ἄστεα καὶ νόον ἔγνω, …
> (Von vielen Menschen sah er die Städte und lernte ihre Sinnesart kennen, …).

Der Verbannte wird dann in 3,10 die ihn umgebenden Menschen und ihren Lebensraum beschreiben, während er sich in 3,8 noch wünscht, nach Rom zu fliegen; hervorzuheben von den diesbezüglichen Versen (1–10) sind V. 6, dessen Worte durch ihre Stellung offensichtlich einen Flügel abbilden wollen –

> *sive tuas, Perseu, Daedale, sive tuas* –,

und V. 8–10 mit ihrer »Zoom-Technik«: Der Reihe nach kommen dem Flieger im Geist Heimatboden, Haus, Gefährten, Gattin und ihr Gesicht in den Blick.

Tristia 3,10 zeigt exemplarisch, dass manches von dem, was der Verbannte über Land und Leute am Schwarzen Meer erzählt, nicht auf Autopsie des realen Autors beruht, sondern Klischeevorstellungen von fremden Völkern rekapituliert und damit auch an literarische Tradition anknüpft; z.B. der gefrorene Wein, der in Brocken genossen wird (23f.), findet sich schon im Skythen-Exkurs der *Georgica* Vergils (3,364). Gerade weil der Ich-Sagende einen aufwendigen Beglaubigungsapparat bietet (35ff. *vix equidem credar …*), verrät er sich als Verfasser eines (zumindest partiell) fiktionalen Textes, dem Lukians *Wahre Geschichten* und Gottfried August Bürgers *Münchhausen* motivisch verwandt sind. Und so bestätigt Ovid erneut, dass er auch als Verbannter ein *lusor* geblieben ist. Texte wie dieser trugen dazu bei, dass man gelegentlich ernsthaft die These vertreten hat, der Dichter sei nie im Exil gewesen, habe also alles fingiert, was er in *Tristia* und *Ex Ponto* schreibt. Dafür könnte sprechen, dass seine *relegatio* nur durch ihn selbst und von ihm abhängige Autoren dokumentiert wird. Doch es ist mehr als unwahrscheinlich, dass Ovid für die Umsetzung eines Stücks erfundener Biographie in Poesie den gewaltigen Aufwand betrieben hätte, neun Gedichtbücher und noch dazu die gegen einen Feind in Rom gerichtete Schmähschrift *Ibis* mit ihren 644 nur für Mythos-Spezialisten verständlichen Versen zu produzieren.

Wie das dritte beginnt und endet das vierte Buch – es enthält wie die drei ältesten uns bekannten augusteischen Gedichtbücher, Vergils *Bucolica*, Horaz, *Satiren* I und Tibull, *Elegien* I, zehn Gedichte – mit selbstreflexiver Poetik (1 und 10), und wieder haben wir zwei Gedichtreihen, in deren erster (2–5) Äußerungen des Verbannten über seine Gemütslage dominieren. Auftakt für Teil 1 ist 4,1, wo der Ich-Sprecher zu Anfang erklärt, er tröste sich im Exil selbst, indem er Poesie schreibe, und sich u. a. mit Achill und Orpheus vergleicht, die ihr Leid mit Gesang und der Lyra zu überwinden suchen. Man hat das als autobiographische Aussage eines Verzweifelten gelesen, der sich immer wieder mit einer Art »Aufschrei« von Depressionen befreie. Aber wieder ist die motivische Nähe zur erotischen Elegie, in der ja ebenfalls durch Poesie kompensiert wird – dort ist es das »Singen« vor der Tür der sich dem Dichter verweigernden Geliebten –, so überdeutlich, dass literarisches Spiel als primäre Intention des Autors anzusehen sein dürfte. Man bedenke: Der Verbannte »solidarisiert« sich in V. 34 f. angesichts der Tatsache, dass es ja gerade die Poesie war, die ihn in seine elende Lage gebracht hat, mit einem unglücklich Liebenden, der im vollen Bewusstsein seiner Misere an seiner Leidenschaft festhält. Die Umwandlung von Motivik der Liebeselegie in solche der Exilelegie erfolgt also wohl nicht als ein Verzweiflungsakt, sondern als literarisch selbstreflexive Artikulation eines »Jetzt erst recht!« gegenüber dem Kaiser. Gewiss, dieser hatte einen der prominentesten Dichter im Rom seiner Gegenwart zwingen können, die Welthauptstadt und das dort durch Rezitationen zu erreichende Publikum literarisch Gebildeter mit einem »Kaff« (Ransmayr) am Rande des Imperiums und seinen wenig zivilisierten Bewohnern zu vertauschen. Doch auch dort schrieb Ovid weiterhin die Art von Poesie, die ihn in der Heimat bekannt gemacht hatte.

Die zweite Reihe der Gedichte in Buch 4 der *Tristia* bereitet mit den hier mehrfach geäußerten Gedanken des Relegierten über das Verstreichen der Zeit und das Altwerden (6–9) die das Buch abschließende Autobiographie vor. Als solche kann man Elegie 4,10 für Epilog und Sphragis zu den Büchern 1–4 der *Tristia* halten; diese wurden also vielleicht als erste Sammlung der Exilgedichte publiziert. Nun findet sich aber in Buch 5 ein Gedicht über Land und Leute, Nr. 7, in dem das Land wie die Unterwelt in *Metamorphosen* 4,477 und 14,590 als *inamabilis* (»unliebenswürdig«) bezeichnet wird (V. 43). Da der verbannte Dichter auch sonst Tomi mit dem Totenreich gleichsetzt und 4,10 durch Verse einleitet, die an Worte eines Verstorbenen auf einem Grabstein erinnern (1f.), darf man in dem Gedicht die »Abschiedsrede« des Sprechers sehen und sich den somit nach dem Ende von 4,10 »Dahingegangenen« in Buch 5 als Bewohner eines irdischen Hades vorstellen; was er in 5,7 über seine dortigen Mitmenschen berichtet, rückt diese durchaus in die Nähe von Höllengestalten. Wie der Dichter freilich noch hoffen zu können glaubt, wird er in der »Unterwelt« nicht für immer bleiben, sondern nur auf unbestimmte Zeit, und möglicherweise hat Buch 5 als das letzte der *Tristia* deshalb statt eines richtigen Epilogs – Gedicht 14 an die Ehefrau enthält nur wenige metapoetische Gedanken – ein *open end*.

Tristia 4,10 ist also als »postum« verfasst zu denken. Das zeigt sich auch daran, dass diese Autobiographie strukturiert ist wie eine Vita, die über einen bereits Verstorbenen geschrieben wurde. Traditionell fügt sich eine solche, wie z. B. Suetons *Kaiserviten* lehren, aus drei Hauptteilen zusammen. Im ersten wird von den frühen Jahren dessen, um den es geht, chronologisch bis zum Amtsantritt bzw. Karrierestart erzählt, im zweiten die Zeit danach thematisch in Rubriken behandelt und im dritten über das Lebensende wieder chronologisch berichtet. Bei Ovid endet Abschnitt 1 (1–40) dort, wo er sagt, er habe nicht die senatorische Laufbahn begonnen, sondern sich den Musen zugewandt; die Rubriken betreffen die Dichterkollegen (41–56), die Anfänge der eigenen literarischen Tätigkeit (57–68), die drei Ehefrauen und die Tochter (69–76) sowie die Eltern (77–92), und Abschnitt 3 ist der Zeit der Verbannung, also derjenigen des »Sterbens«, gewidmet. Nun hat man beobachtet, dass Ovids Vita Gemeinsamkeiten mit derjenigen des Augustus aufweist – beide stammten aus dem Ritterstand, gehörten einem Triumvirat an (vgl. Anm. zu *Tristia* 2,94) und waren dreimal verheiratet –, und man darf annehmen, dass der Dichter diese Analogien bewusst hervorhob. Aber er zielte ebenso auf einen Kontrast zwischen den beiden Viten. Vergleicht man den Tatenbericht des 76jährigen Augustus, die *Res gestae*, die Ovid in einer älteren Version gekannt haben könnte, mit *Tristia* 4,10, entdeckt man auch darin die Triptychonstruktur einer Biographie: 1) Politischer Aufstieg bis zum Sieg über die Caesarmörder 44–42 v. Chr. (Kap. 1 f.), 2) Rubriken (Kap. 3–33), 3. Rückgabe der *potestas* an Senat und Volk 28 und 27 v. Chr. unter Beibehaltung der *auctoritas*; Ehrungen bis zum Titel *pater patriae* 2 v. Chr. (Kap. 34 f.). Welch ein Unterschied zwischen den beiden Abschnitten Nr. 3! Hier der »Vater des Vaterlandes«, der den Höhepunkt seines Lebens exponiert, dort der aus dem Vaterland Verstoßene, der sich als nicht mehr lebend empfindet.

In seinen während des Exils geschriebenen Elegien wendet Ovid sich anders als in den erotischen Elegien seiner frühen Jahre meistens jeweils an irgendeine Person. Allerdings nennt er in den *Tristia* außer in Buch 2 nur einmal den Namen eines Adressaten (denjenigen der Dichterin Perilla in 3,7); außerdem redet er mehrfach seine Gattin als solche an. Man hat vermutet, seine Freunde habe Ovid deshalb ungenannt gelassen, weil er sie vor Verfolgung und Schikane schützen wollte. Aber zum einen fällt es nicht schwer, aus Andeutungen auf ihre Identität zu schließen, zum anderen werden sie in den *Epistulae ex Ponto* dann doch noch namentlich angesprochen. Die insgesamt 30 Elegien umfassenden Bücher 1–3 dieser Sammlung bilden eine sorgfältig gegliederte Triade, was sich bereits daran zeigt, dass sie von je einem Brief an einen Brutus mit grundsätzlichen Bemerkungen zu Entstehung und Charakter der bisher vorgelegten Sammlung von elegischen Episteln gerahmt wird (1,1 und 3,9 [10]). Auch sonst dient die Platzierung einzelner Briefe offensichtlich der Hervorhebung ihrer Adressaten. Wenn nun der Verbannte in 3,9,53 behauptet, die Elegien seien *sine ordine* zusammengestellt, gehört das in den Kontext der Fiktion vom Dichter, der im Exil nicht mehr Kunst auf so hohem Niveau wie bisher produzieren kann; diese Fiktion – dazu später noch ein Textzitat – erzeugt Ovid schon mehrfach in den *Tristia* und widerlegt sie dort wie in den *Epistulae ex Ponto* dadurch, dass er unverändert wohlklingende Verse schreibt und sein literarisches Spiel ebenso geistreich betreibt wie in seiner übrigen Poesie.

So enthält denn auch *Ex Ponto* 1–3 einige Glanzstücke des ovidischen Œuvres. Von ihnen habe ich je eines pro Buch ausgewählt: 1,8, 2,10 und 3,2, und alle drei Texte seien im Folgenden kurz betrachtet.

In *Ex Ponto* 1,8 präsentiert Ovid die sehr reizvolle Variante eines Themas, das seit den Anfängen der augusteischen Poesie von allen ihren Vertretern, deren Werke überliefert sind, angesprochen wurde: die Konfrontation ihrer »kleinen« Poesie, die von Erfahrungen des bürgerlichen Lebens in Stadt und Land handelt – im Falle Ovids ist es die Elegie –, mit dem »großen« Epos, das von den »Königen und Schlachten« (Vergil, *Ekloge* 6,3) des Mythos oder der mythisch verklärten römischen Welt in Geschichte und Gegenwart kündet. Als Verbannter wirft der Dichter in *Ex Ponto* 1,8 zunächst einen Blick auf eine kriegerische Auseinandersetzung in der Region, in der er sich aufhalten muss. Dann träumt er davon, wie er die Welt der vergilischen Hirtenpoesie auf einem kleinen Landgut am Schwarzen Meer wiederbelebt, indem er z. B. seine getischen Jungstiere, die er als »Bukoliker« dann natürlich besitzt – der Begriff kommt vom griechischen *boukólos* (»Rinderhirt«) – auf Getisch anredet. Die so geschaffene Gegenüberstellung von großer und kleiner Welt, mit der eine implizite poetologische Aussage verbunden ist, bemerkt man zwischen den Zeilen auch in *Ex Ponto* 2,10, wo Ovids elegisches Ich sich an einstige Reisen mit dem Freund Macer, einem Epiker, erinnert; z. B. ist in V. 33 f. im Hexameter, dem Vers des Epos, in epischer Diktion von der Fortbewegung der beiden auf einem Schiff die Rede, dagegen im Pentameter, der zusammen mit dem Hexameter das elegische Distichon bildet, von der Benutzung kleiner Reisewagen, in denen sonst auch elegisch geliebte Frauen fahren (vgl. Properz 2,32,5 und Ovid, *Amores* 2,16,49). In *Ex Ponto* 3,2 schließlich erzählt Ovid zwar einen Mythos, den von Iphigenie bei den Tauriern, aber er legt ihn einem Geten in den Mund, den er als Erzähler einer »wahren Geschichte« agieren lässt, und treibt so erneut sein literarisches Spiel.

Auch das wohl erst einmal separat publizierte (und dann irgendwann mit Buch 1–3 vereinte) Buch 4 von *Ex Ponto* hat mehrere Gedichte bzw. Verspartien aufzuweisen, die deutlich aus dem ständigen Klagen und Flehen um Gnade herausragen. Elegie 13, die ich aus diesem Buch ausgewählt habe, schildert eine geradezu dramatische Szene: Der Verbannte rezitiert ein von ihm in getischer Sprache verfasstes Gedicht, das von der Apotheose des Augustus, von Livia, dem neuen Kaiser Tiberius, dessen Sohn Drusus, Germanicus und dessen Söhnen handelt, und die zuhörenden Geten reagieren mit dem Schütteln ihrer Köpfe und Köcher sowie einem langen Gemurmel, wobei einer von ihnen sagt, das Geschriebene müsse die Zurückholung nach Rom erwirken (33–38). Wie man sieht, ist Ovids Humor ungebrochen, und dasselbe gilt für seinen Dichterstolz. Denn am Ende des Buches steht als Koda – vorher lesen wir 15 Gedichte, deren erstes und letztes an Ovids Freund und Gönner Sextus Pompeius, Konsul des Jahres 14 n. Chr., gerichtet sind – eine Elegie, worin der Verbannte sich neben eine stattliche Reihe zeitgenössischer Kollegen stellt und dabei hervorhebt, seine Muse besitze einen berühmten Namen und verdiene, neben so großen Männern gelesen zu werden. Das Gedicht klingt wie ein Epilog zum Gesamtwerk und war vielleicht von Ovid selbst dazu bestimmt, als solcher zu fungieren.

In meiner kleinen Einführung in Ovids Exilelegien habe ich gezielt den Schwerpunkt auf den literarischen Charakter dieser Gedichte gelegt. Zwar ist mir durchaus klar, dass der verbannte Dichter zusammen mit Cicero und Seneca ein Triumvirat der »Urahnen« aller ins Exil geschickten Literaten von der Spätantike bis in die Gegenwart bildet, aber meine Entscheidung ging davon aus, dass Erklärer der *Tristia* und *Epistulae ex Ponto*, die diesen Aspekt in den Vordergrund rücken, ihn mit einer einseitig biographischen Interpretation zu verbinden pflegen. Bis zum Zweiten Weltkrieg, der erstmals weltweit bewusst machte, welches Leid Ausbürgerung und Emigration über einen Menschen bringen können, führte die Gleichsetzung von Ovid mit seinem poetischen Ich zu Negativurteilen wie dem der prominenten Literaturgeschichte von Schanz und Hosius; diese schreiben, in den *Liedern der Trauer* sei »das ›Traurige‹ weniger in der äußeren Lage des Dichters zu suchen […] als in seinem Inneren, d.h. in seinem unmännlichen Charakter« (1935). Ebenso wie hier wurde von Philologen der 80er Jahre des 20. Jahrhunderts, die immerhin Verständnis und Empathie für den Verbannten als solchen zeigten, die literarische Wirkungsintention verkannt, die z.B. in der Behauptung des Dichters stecken dürfte, er beherrsche das Lateinische nicht mehr richtig. Wer das psychologisch als Hinweis auf die »Sprachnot« eines von *native speakers* isolierten Menschen deutet, berücksichtigt zu wenig den Witz von Aussagen wie *Tristia* 5,12,57f.:

> **I**pse m**i**hi v**i**deor iam ded**i**d**i**c**i**sse Lat**i**ne,
> iam d**i**d**i**c**i** Get**i**ce Sarmat**i**ceque loqu**i**.
> (Ich selbst, scheint mir, habe schon mein Latein verlernt,
> habe schon getisch und sarmatisch zu sprechen gelernt.)

Hier wird auf engstem Raum durch Spiel mit dem morphologischen Phänomen der Reduplikation das Stammeln beim Nachahmen eines fremden Idioms (oder in der Rede eines *bar-barus*) parodiert und gleichzeitig durch Häufung des i-Lauts ein schriller Tonfall erzeugt, den Ovid vielleicht aus der Sprache der Geten und Sarmaten heraushörte. So zieht er seinen Versuch, wie diese zu reden, ins Lächerliche, und das ist so kunstvoll und amüsant gemacht, dass wir es auf keinen Fall mit jemandem zu tun haben, der »mit seinem Latein am Ende« ist. Allein unsere nur zwei Verse umfassende Textprobe demonstriert vielmehr, dass der *lusor* sich nach wie vor auf dem hohen Niveau seines bisherigen *lusus* befand. Zugegeben: Die vorliegende Auswahl präsentiert einige der besten Produkte dieses literarischen Spiels. Aber es lohnt sich unbedingt, die übrigen Texte der beiden Sammlungen von Exilelegien Ovids zu lesen, und dazu sollen die 13 hier vereinten Gedichte anspornen.

Die neben das lateinische Original gestellte Übertragung bemüht sich um möglichst wörtliche Wiedergabe in Prosa, will also nur das Verständnis erleichtern, aber keinen Eindruck von der Eleganz des ovidischen Lateins vermitteln. Ich habe die Texte anhand einer sorgfältigen Auseinandersetzung mit den kritischen Editionen von Owen, Hall und Richmond sowie den einschlägigen Kommentaren von Ciccarelli, Gaertner, Galasso, Helzle, Ingleheart, Luck, Owen und Staffhorst (siehe die Literaturhinweise) neu erstellt, und die Erläuterungswerke halfen auch erheblich bei der Interpretation zahlreicher schwieriger Verse; hinzu kam der für die Cambridger »Yellow-Green«-Reihe geschriebene Kommentar zu *Ex Ponto* Buch 1 von Garth Tissol, den mir der Autor dankenswerterweise vor der Drucklegung zugänglich machte. Mein ganz besonderer

Dank gilt wieder Gerlinde Bretzigheimer, die meine Übertragung mit der gewohnten Gründlichkeit durchsah und mir Verbesserungsvorschläge von unschätzbarem Wert machte.

München, im Januar 2013
Niklas Holzberg

Inhalt